DO MORE
FASTER
TECHSTARS LESSONS TO
ACCELERATE YOUR STARTUP

创业唯快不破

美国超级加速器 TechStars 内部创业手册

[美] 大卫·科恩（David Cohen） 布拉德·菲尔德（Brad Feld）◎著

桂曙光◎译

机械工业出版社
CHINA MACHINE PRESS

TechStars 是一个导师制驱动的创业孵化器，其众多创始人于过去 20 年间在多家公司与各种创业者共事，他们见过不少在创业过程中一再出现的问题。在本书中，这些富有智慧的创始人指出了初次创业者会遇到的各种关键问题，参与过 TechStars 项目的成功创业者也提供了大量的可靠建议。作者将最为关键的问题组织成七大主题，即创意和愿景、人、执行、产品、融资、法律和组织结构以及工作与生活的平衡。本书例子多来源于创业者的亲身经历，它们汇聚成了有力的叙述，同时又各自具备独到的观点。纵观全书，作者破解了不少与创业有关的误区，揭露了一些惊人真相。

图书在版编目（CIP）数据

创业唯快不破：美国超级加速器 TechStars 内部创业手册/（美）大卫·科恩（David Cohen），（美）布拉德·菲尔德（Brad Feld）著；桂曙光译. —北京：机械工业出版社，2018.6

书名原文：Do More Faster:TechStars Lessons to Accelerate Your Startup

ISBN 978-7-111-60028-2

Ⅰ. ①创…　Ⅱ. ①大…　②布…　③桂…　Ⅲ. ①创业—研究　Ⅳ. ①F241.4

中国版本图书馆 CIP 数据核字（2018）第 110044 号

机械工业出版社（北京市百万庄大街 22 号　邮政编码 100037）
策划编辑：李新妞　　责任编辑：廖　岩
责任校对：李　伟　　责任印制：张　博
三河市宏达印刷有限公司印刷
2018 年 6 月第 1 版第 1 次印刷
170mm×242mm · 15.75 印张 · 248 千字
0001—4000 册
标准书号：ISBN 978-7-111-60028-2
定价：59.00 元

凡购本书，如有缺页、倒页、脱页，由本社发行部调换

电话服务	网络服务
服务咨询热线：（010）88361066	机工官网：www.cmpbook.com
读者购书热线：（010）68326294	机工官博：weibo.com/cmp1952
读者购书热线：（010）88379203	金书网：www.golden-book.com
封面无防伪标均为盗版	教育服务网：www.cmpedu.com

译者序

TechStars Lessons to Accelerate
Your Startup

全世界应该没有哪个国家像中国一样，举国上下都充满创新创业的活力，从改革开放之初一直到现在，创业者、民营企业家一直是中国经济的重要力量。尤其是最近几年，创业已然成了很多有梦想、有冲劲的年轻人一个很自然的选择！

媒体铺天盖地宣传和描写创业英雄的事迹，起到了巨大的示范效应。越来越多没有太多工作经验的年轻人，甚至是一些在大企业薪酬丰厚的高管纷纷跳入创业的大潮，尤其是在中央政府提出"大众创业、万众创新"指导意见以后，包括大学生群体在内，更多的人主动或被动响应号召，成了创业者。

但实际上，创业是九死一生的事情，创业者必须具有特定的素质，某种程度上具有"超人"的能力，还要有好的产品或服务、一定的启动资金、合适的团队等才有机会获得成功。

创业之路既然这么难，那有没有方法和策略来帮助创业者？答案自然是"有"！伴随着"大众创业、万众创新"的指导方针，全国各地雨后春笋般出现了数千家创业咖啡厅、孵化器、加速器……比如车库咖啡、优客工场等，它们不仅可以给创业者提供物理空间，还可以提供一些软性的创业服务，比如财务、法务、融资、营销等。美国也有很多类似的孵化器和加速器，比如 Y Combinator、TechStars等，其中一些优秀孵化器和加速器也来到中国落地。

我本人 2005 年从清华大学 MBA 毕业之后，进入创业投资领域，并于 2014年年底参与创立了早期股权投资机构——"京北投资"，以及一个专门为天使投资人及潜在天使投资人提供交流学习、项目对接、投资合作、孵化成长等全方位服务的平台——"天使茶馆"。在创业投资领域 10 多年时间，我先后投资了一批创业公司，也通过线上（微博）分享和线下授课的方式，为众多创业公司提供过融资、战略、产品、并购、营销等方面的服务。

一直以来，我都想把我为创业公司服务过程中的一些体会分享给更多的创业者和潜在创业者，但苦于没有时间做系统性整理。我曾在 2010 年出版了《创业之初你不可不知的融资知识》一书，书中主要针对初创公司股权融资的操作进行了深入的剖析，是一本面向创业者的融资操作辅导书。但这毕竟只是创业中的一个很小的环节，甚至大多数创业公司都没机会经历这个环节。

其实我一直想写一本完整、系统地讲创业的书，但是在看过国外一些优秀的、实战操作类的创业书之后，发现翻译一本好书也是不错的选择。尽管创新创业在国内发展得如火如荼，但在面向创业者群体的教育方面还有很多基础工作需要完善。大卫·科恩和布拉德·菲尔德的这本 *Do More Faster* 正合我意！尽管这本书写于 2010 年左右，但书中的内容一点儿都不过时，今天看来仍然非常实用和接地气。

大卫·科恩是美国顶级创业加速器 TechStars 的创始合伙人及 CEO，他也是一位投资人，投资了超过 100 家互联网创业公司。大卫还是一位成功的连续创业者，在创办 TechStars 之前，他创立了多家公司并成功出售给了上市公司。布拉德·菲尔德也是 TechStars 的创始合伙人，他还是早期风险投资机构 Foundry 集团的创始合伙人和董事总经理，是一位职业的早期投资人。

在这本书中，他们邀请了参与 TechStars 加速计划的众多创业者，跟他们一起分享了关于创业的方方面面的经验教训和实操方式，按内容分成七个主题，包括：创意和愿景、人、执行、产品、融资、法律和组织结构、工作与生活的平衡。全书逻辑非常清晰，内容非常系统。从创意和愿景开始，分享了团队、执行、产品、融资、法律及组织结构等创业者非常关注的话题，最好的一点是，还分享了创业者如何在工作与生活中寻找平衡点。创立一家优秀的公司非常困难，在成功的路上，有无数的障碍和陷阱。这本书通过众多优秀创业者和投资人的经验分享，能帮助创业者在一些关键节点上开拓思路，是一本不可多得的、完整勾勒创业全流程要点的图书。

创业之旅虽然艰辛，但也妙不可言，我鼓励每位有志创业的人都参与其中。无论创业成功与否，几乎没有什么事情能与从零开始创立一家公司以及创建一些真正值得称道的事业相提并论。我很期待看到下一波创业者所带来的创新。如果这本书能给他们带去一点帮助，则善莫大焉！

桂曙光

北京京北投资管理有限公司（京北投资） 创始合伙人

天使聚场（北京）科技有限公司（天使茶馆） 创始合伙人

2018 年 5 月

序

尽管创业者形形色色、各有千秋，但他们都具备一些共同点：他们都有驱动力去做一些前人没有做过的事情，他们都相信只要用心就能做成任何事情，此外他们还都渴求尽可能快地完成所有事情。对于初次创业的人来说，创业似乎令人畏惧，但 TechStars 就像是创业旅程初期的一台火箭助推器。

Zynga 是我创立的第四家公司。在其创立之初，我只想跟少数的几位风险投资人（VC）合作，而布拉德·菲尔德就是其中之一。创业圈在过去的几年里发展迅猛，大家常常谈到以"Zynga 速度"行事。因此，当布拉德找我为这本《TechStars 创业密码》作序时，我感到很荣幸，也很渴望有这样的机会分享一些我的想法，因为本书的理念深得我心。

如果你不了解 Zynga，那就让我来告诉你。我们是一些颇受欢迎的社交网络游戏的制作方，比如开心农场（FarmVille）、拓荒小镇（FrontierVille）和黑帮战争（Mafia Wars）等。当布拉德的投资机构 Foundry 集团在 2007 年秋天为我们投资时，我们只是 10 个人的团队，而三年后我们已经是一个拥有 1 200 多名成员的大家庭了。要取得这个成绩，我们确实需要做得更好更快。

我在 20 世纪 90 年代中期创立第一家公司之前，曾在数家知名公司工作过。不过从某种程度上来说，我并不算太适合那些地方。我挑战现状，不照章办事，带着一点幼稚和任性，渴望在不考虑流程的情况下取得一些最高明且最具战略意义的成果。在美国企业里，这并不是保住饭碗的最佳生存之道，所以我觉得自己更适合去创业，这样就可以完全按照自己的方式来做事了。

在商业互联网的黎明时期，我和桑尼尔·保罗（Sunil Paul）一起创建了 Freeloader 公司。由于我们都是初次创业者，只能一边摸索前进一边学习，一路上犯了不少错误。我们缺乏经验，就用激情和干劲来弥补。在我们都还没反应过来时，Freeloader 就被一家由 Flatiron 资本和软银（SoftBank）投资的新兴热门互联网公司接管了。在首轮融资四个月之后，Freeloader 被 Individual 公司以 3 800 万美元的价格收购。虽然这看起来很成功，但是在公司被收购时，我们的业务还尚未出现关键亮点。

在创立第二家公司 SupportSoft 时，我已经拥有了更多经验，并且一直在为公司打造一支优秀的创业团队。我们一起取得了不少令人激动的成果，并将公司建设成了业内领先的自动化软件服务与支持提供商。随着公司开始获得客户和收入，并实现加速增长，我同意只担任董事长一职，因为董事会提议引入一位更有经验的 CEO。SupportSoft 很成功，成了一家上市公司，每个人都很开心，但是我仍然不觉得自己创建了一家伟大的公司。

我创立的第三家公司是 Tribe 网络。当时社交网络的概念刚刚出现，而 Tribe 就是最早的公司之一。我想说的是，Tribe 的创意真的很好，只不过太超前了。我们在早期取得了一些成功，获得了 VC 的投资。不过随着时间的推移，我们栽了跟头。这次我还是只保留董事长职务，不过新的领导层执行出现了问题。到了最后，我又重新担任 CEO，并围绕社会化媒体的贴牌托管，对公司进行重新定位。我们以一个合适的价格将公司出售给了思科公司（Cisco），但是错过了创建下一代互联网公司的大好机会。

所以当我在 2007 年开始思考社交网络游戏时，就决定把 Zynga 打造成为一家能令用户了解并喜爱的公司。我想创造一笔互联网财富。与我之前创建的其他所有公司不同，这次我把早期招兵买马的主要精力放在吸引投资人上，我希望投资人能像创业伙伴那样尊重我想实现的目标，并能帮助和教导我顺利地走过公司的盛衰浮沉。除了布拉德，我还有幸吸引到了弗雷德·威尔逊（Fred Wilson）、宾·戈登（Bing Gordon）和里德·霍夫曼（Reid Hoffman）成为 Zynga 的投资人及早期董事会成员。我们在过去三年里取得了不少成果，而且我相信我们找到了属于自己的方式，建立了一家能够经得起时间考验、并能对用户和互联网整体产生持续影响的公司。

当我回顾自己过去 15 年的创业经历时，我意识到从错误中学习是至关重要的。每家公司都会遭遇障碍和挑战，每走一步或每经历一次挫折，我就会变得更睿智。我花了很长时间，经历了不少坎坷起伏，才达到为 Zynga 的创立做好准备的地步。我真希望在当初创办 FreeLoader 时，能拥有更多的知识和见解，或是能接触到本书中分享的智慧和经验。

创业之旅妙不可言，我在此鼓励每位有志创业的人都参与其中。从回报的角度来说，几乎没有什么事情能与从零开始启动一家公司、创造就业岗位以及创建一些真正值得称道的事业相提并论。有一些独特的东西将所有的创业者联系在一起，我们强烈渴望看到彼此成功，我们更坚信创业精神的重要性。看到现在的初次创业者们能从 TechStars、本书以及一些资深创业者（包括本书中介绍的创业者）那里获得的支持和工具，我深受鼓舞。我很荣幸能成为那些创业导师中的一员，而且很期待看到下一波创业者所带来的创新。像我以前一样，他们也将明白，他们永远都能做到更好更快！

马克·平卡斯（Mark Pincus）

2010 年 8 月

前言

TechStars Lessons to Accelerate Your Startup

创业是艰难的，大多数创业公司都以失败而告终。即便是那些取得成功的创业者，通常也都经历过一些令人难以置信的挑战和失败。埋葬不成功的创业者尸骨的坟场真是又大又深。

作为一家导师制驱动的种子加速器，TechStars曾帮助过很多初创公司吸引了超过2 500万美元的风险投资和天使投资。这么多TechStars创业公司的创始人是如何这么快速卖掉他们的公司并获得数以百万计美元的呢？为什么在TechStars能出现这么多突破性和创新性的公司呢？

答案就是导师制度。

过去25年，在与数千名创业者以及数百家公司共事的过程中，我们看到大量的问题不断重复出现。创立TechStars的目的，就是打造一条向初次创业者输送创业经验的渠道。但是，我们不是只依靠自己来做这些工作——我们还招募了100多位当今世界上最优秀的互联网创业者来担任导师。

编写本书，就是为了收集众多TechStars创业导师对创业成功因素的独到见解。我们认真思考了创业初期的关键问题，并将其划分为七大主题，即创意和愿景、人、执行、产品、融资、法律和组织结构以及工作与生活的平衡。

每个主题都包含数篇文章，内容全部是在TechStars经常能听到的话题。其中有些话题，是我们的口头禅。有些话题看起来只是陈词滥调，但所有的内容都是对创业者获得成功有帮助的重要理念。

尽管掌握这些理念并不表示一定能成功，但对初次创业者来说，了解创业过程中会面临的挑战，并从创业导师那里听取一些个人经历或建议，对取得成功会有很大帮助。至少，面对同样的困难时你会意识到你不是一个人在战斗。

我们邀请了 TechStars 里的很多导师和创业者来撰写本书中的内容，我们自己也写了一些。TechStars 是一个神奇的地方，也非常人性化，本书中的很多篇章都是基于个人的经验。因此，我们在本书中尽可能多地加入了一些照片，让这些故事看起来更加鲜活。这些故事形成了一个完整的叙事体系，但独立来看每个故事又非常精彩。

本书的创作也秉承了 TechStars 的精神，面向创业社区并由导师制驱动。我们希望大家能发现，本书中的所有观点和故事都是极有影响力且极为实用的。如果大家有什么想法想要告诉我们，可以通过邮箱 david@techstars.org 或 brad@feld.com，或是访问 TechStars 的官方网站 TechStars.org 与我们取得联系。

大卫·科恩　布拉德·菲尔德
2010 年 8 月
科罗拉多州博尔德市

TechStars 简介

TechStars Lessons to Accelerate Your Startup

TechStars 是一家导师制驱动的创业加速器，在美国的博尔德、波士顿、西雅图和纽约市都设有分部。我们每年都会在这些城市各开展一次为期三个月的高强度活动，邀请 10 个左右的互联网创业团队、共计约 50 位顶尖的互联网创业者和投资人参加。每年都会有超过 600 家公司来竞争这 10 个名额。[⊖] 三个月结束之后，会有一个投资人展示日（Demo Day），年轻的创业公司可以将他们的创意展示给数百位投资人，这一天是整个活动的高潮。

自 2006 年成立以来，TechStars 已经在博尔德投资了 41 家公司，在波士顿投资了 19 家公司，在西雅图投资了 10 家公司。其中 70%的公司获得了后续天使投资人和 VC 超过 2 500 万美元的投资，并开始赢利，或者被美国在线（AOL）、Jive Software、IAC 和 Automattic（开发 WordPress 的公司）等知名公司收购。在博尔德的最新一期活动中，有六家公司获得了风险投资、两家公司获得了天使投资。

我们相信，TechStars 代表了某种特殊的东西。经常有人告诉我们，它就像一场创业复兴运动。要充分理解其中的原因，则要关注两点——导师和创业社区。

你会经常听到，我们将 TechStars 描述为"导师制驱动"。我们要求每位参与活动的导师，仅将其精力放在一家公司身上，如果他们有大量的空余时间，最多可以关注两家公司。我们会尽力避免出现挂名导师的情况，不需要那些成功或

⊖ 据 TechStars 官网显示，目前 TechStars 拥有超过 1 000 名创业导师，投资网络遍布 150 多个国家，投资项目超过 4 000 个。——译者注

知名人士偶尔过来给每家公司提供一些普通的智慧和肤浅的反馈。在 TechStars，我们只对有深度和全心投入的辅导方式感兴趣。通常，在为期三个月的活动期间，每家公司会有 4~6 位导师以专注的方式与其紧密合作。这就是 TechStars 的魔力——数名优秀的导师分别与每家创业公司结成伙伴，助他们一臂之力，使他们做到最佳。

另外，TechStars 也与社区有关。在创立 TechStars 之初，我们的一个主要目标就是改善我们的创业生态。我们需要更多热情四射、才华出众的商业人士来到我们生活的博尔德市。我们希望吸引本地的天使投资人加入，并为他们创造更多价值。我们想让博尔德享誉世界，让全世界都知道这里是那些才华横溢的创业者的理想家园。我们期待最出色、最具智慧且最有经验的创业者能成为 TechStars 的创业导师，来一起打造那些令人激动的新兴创业公司。更重要的是，希望我们的社区越来越好。经常会有人问我，为什么活动中的创业导师会如此卖力地工作？我们坚信，每个创业导师之所以如此努力，都是出于上述相同的原因。

我们相信，可持续的导师制文化就是成功的创业社区的秘密武器。在 TechStars，我们注意到导师和创业社区已经形成了完整的循环。早期参与 TechStars 活动的创业公司创始人现在已经成为导师，为那些参与活动的新创业者以及创业社区中的其他公司提供指导。有些参加过 TechStars 活动的创业者，已经开始创办他们的第二家公司。他们已经看到，这种高参与度的导师制度具有改变人生的价值，这种价值观现在已经根植于他们心中。反过来，他们每天也都在回报着别人。

目 录

TechStars Lessons to Accelerate
Your Startup

TechStars 的发展史 /213

主题 1　创意和愿景

TechStars Lessons to Accelerate Your Startup

大多数人都认为，初创公司的核心是要有一个惊天动地、能改变世界的非凡创意。事实上，这种观点几乎是完全错误的。

经常有人说，大多数成功的初创公司最初做的都是另外一些事情。根据我们在 TechStars 的经验，很多参与我们计划的公司现在所做的事情都与他们最初的想法大相径庭。有些公司虽然仍处于同一个大的行业领域，但进入了完全不同的应用或产品领域。其中有相当多的公司的现有业务，已经与他们最初向 TechStars 提交的申请中的描述完全不同了。

Next Big Sound 公司的亚历克斯·怀特（Alex White）当初出现在 TechStars 时，曾面对异口同声的责难："我们非常欣赏你，但你的创意真是烂透了。"杰夫·鲍尔斯（Jeff Powers）和维卡斯·雷迪（Vikas Reddy）整个夏天都在开发某种图像合成软件，最终做出了 RedLaser 这个获得巨大成功的 iPhone 应用程序，该应用后来被 eBay 收购。我们甚至记不清 J-Squared Media 的乔·艾格波波（Joe Aigboboh）和耶西·泰乌露（Jesse Tevelow）当初来到 TechStars 时是做什么的了，但我们觉得他们很棒。他们后来紧随 Facebook F8 开发者大会推出的一系列成功的 Facebook 应用，恰好证明了他们确实了不起。他们都身处那些非常有趣、但不可预知的领域。

初创公司无外乎是根据反馈和数据来验证一些理论，并快速做出调整。只有经过数百次小的调整，有时也包括一些大的调整，才能守得云开见月明。

相信我，你的创意没什么价值

蒂姆·费里斯（Tim Ferriss）

蒂姆是畅销书《每周工作四小时》（*The 4-Hour Workweek*）的作者，他也是一位天使投资人和一位创业者。蒂姆从 2008 年起担任 TechStars 的导师，同时也是 TechStars 里几家公司的天使投资人，包括 DailyBurn（首屈一指的健身社交网站，用户可以跟踪健身记录、在线咨询和相互激励）和 Foodzie（一家网络超市，消费者可以从小型食品生产商那里寻找和直接购买食物）。

惊世骇俗、改变世界的创意一文不值。事实上，各种各样的创意真是太多了。

数以百计的潜在创业者联系过我，要给我一些好消息——他们将打造下一个伟大事业，但他们不能冒险向我（或任何人）透露太多信息，除非我愿意签署某种形式的创意保证，通常是一份保密协议（NDA）。就跟世界上所有理智的投资人一样，我拒绝签署 NDA，无视这些创意，通常弄得那些创业者目瞪口呆、心生惊惧、灰心丧气。

为什么我会拒绝这样的交流呢？因为这些创业者明显高估了自己的创意，因此也几乎肯定低估了执行的难度。头脑风暴是一种轻松愉快、没有风险的事情；而创业，从字面上来理解，"创"就不是一件容易的事。如果你正打算启动一家初创公司，那就坐稳扶好，这种高速的体验非同一般。

如果你有一个绝妙的创意，保守来说，还会有另外一些非常聪明的人也在构思同样的事情，或是在以不同的方法解决同样的问题。看看你 iPhone 里那些旅游类应用的数量，或者看看互联网上那些节食和运动类网站的数量，你应该就会明白了。

高估自己的创意是一个危险信号，尤其是在没有切实进展时。诚然，以这种心态，我错失了一些真正伟大创意的投资机会，但我觉得这也没什么——因为我从来不投资创意，巴菲特也不会。比起那些投资创意的人，我损失的钱要少一些。我宁愿投资给一些优秀的人，这样在很大程度上可以控制住不利情况，他们即便这一次创业失败，也会从错误中吸取教训，并激发出其他值得投资的创意（像我这种早期支持者愿意了解的创意）。如果我直接投资创意，则不会有这样的好处。

有这样一条流行的创业格言："你可以偷走创意，但偷不走执行力和创业激情。"换个角度理解，即创意本身没有市场。稍微再往深处想一想：你最近有没有试图推销你的创意呢？你去哪里推销呢？有谁会买单呢？如果没有市场，通常就意味着没有价值。[⊖]

几乎所有人都能够（并且已经）想出一些好的创意，不过只有熟练的创业者才能执行它。"熟练"在这里并不代表经验丰富，而是表示随机应变和行动导向。这些创业者知道，错误通常是可以改正的，但做决定时拖泥带水所损失的时间就真的永远损失掉了。创意是必需的，但仅有创意是远远不够的，创意只是这场创业游戏的入场券而已。

不要把自己的创意当作宝贝一样藏着、掖着。如果这确实是你唯一可行的创意，那么当你在谈判或应对竞争者和顾客时，如果需要调整修改（通常都会需要），你就缺少应对的灵活性了。如果是这样，趁着还没开始，赶紧结束吧。

你的创意，可能有一群跟你一样聪明的创业者正在实践着。

你要专注于大多数人踌躇和犹豫的地方——将创意曝光给大众。如果你真是块创业的好材料，那么沿着这条艰辛和惊险的道路，你会收获到所有的回报与愉悦。这就是创业的乐趣。

诚然，纸上谈兵是没用的。要想创业成功，就要深入其中，准备大展身手吧。

≈≈≈≈≈≈≈≈≈≈≈≈≈≈≈≈≈≈≈≈≈≈≈≈≈≈≈≈≈≈≈≈≈≈

那么我们在 TechStars 投资的那些好创意表现如何呢？实际上，在完成 TechStars 加速计划的公司中，大约有 40%在为期三个月的计划结束之后，发现他们的创意和产品与最初"大相径庭或完全不同"。Next Big Sound 公司的创始人当初向 TechStars 提出申请时，他的创意与音乐和社交网络有关。我们对

⊖ 当然，也有一些例外，比如知识产权、专利许可，但知识产权是"财产"，与不受保护的创意不同。

他们挺有好感，但对他们的创意毫无兴趣。当他们 2009 年夏天来到博尔德市时，就已经在计划调整其创意了，只不过担心我们的反应。他们很快就听说，我们信任的是他们的团队而不是他们的创意，于是便积极地调整了发展方向。在"快速失败"一文中，Next Big Sound 公司的 CEO 亚历克斯·怀特会详细介绍他们的经验。能够根据数据来调整创意，这是优秀创业者的标志，而不是懦弱创业者的做法。

2009 年夏天，蒂姆·费里斯（左二）在博尔德市的圣朱利安酒店与
Vanilla、Next Big Sound 和 Graphic.ly 公司的创业者交流。

带着激情上路

凯文·曼恩（Kevin Mann）

凯文是 Graphic.ly 公司的创始人兼 CTO。Graphic.ly 是一个为漫画书出版商和书迷服务的社会化数字分发平台，该公司在 2009 年完成 TechStars 加速计划后，从 DFJ Mercury、Starz 传媒、克里斯·萨卡（Chris Sacca）那里获得了 120 万美元的投资。2009 年秋天，凯文还招募 TechStars 的导师迈卡·鲍德温（Micah Baldwin）加入了 Graphic.ly，担任公司的 CEO。

我本人是漫画书的铁杆粉丝，创立这家公司也是源于我自己遭遇到的沮丧和困扰。

几年前，我读到了一部新的漫画 Dead@17。而且令我兴奋的是，当地的漫画书店里竟然有这部漫画出售，于是就买了前三期。我很喜欢这部漫画，迫不及待地希望看到第四期，也就是最后一期。

第四期发行的那天，我就跑到那家漫画书店，但在新书书架上我却找不到这本书。我问书店老板怎么回事，他说因为预算的消减，不得不砍掉一系列漫画书的进货，而 Dead@17 正好在此之列。不过，他说他妹妹在纽卡斯尔开的书店里有这本书。

要知道从我住的地方到纽卡斯尔来回要 100 多英里，而那会儿我还不会开车，所以我知道这旅程肯定会糟透了。我带着给我解闷的 iPod 一路冲向火车站。几小时之后，我终于到了纽卡斯尔的漫画书店，却发现那里的 Dead@17 第四期已经卖光了！

在回程的火车上，我悲愤交加！我不停地在想，必须要有一种更好的方式来购买漫画书。然后，我恍然大悟了！那天早上，我从 iTunes 商店里购买过一部

创意和愿景 主题 1

电影，我在火车上还一路看它呢。为什么购买漫画就不能这样简便呢？为什么我折腾了 100 多英里，浪费了大半天的美好时光，结果却两手空空呢？

我意识到我有两个选择：要么别买漫画书了，要么放弃工作去做一个"漫画版 iTunes"。

这就是 Graphic.ly 创立的动机，我对漫画的激情现在转化成了一份我乐于参与的事业。每天我都是高高兴兴去上班，在自己喜欢的领域进行着创造和创新。如果某个问题可能会毁掉对我而言非常特别的东西，最终我一定会解决这个问题。

如果你对自己正在做的事没有激情，那么它就不足以让你取得成功。创业者走的是一条异常艰难的道路，激情是先决条件。

≈≈≈≈≈≈≈≈≈≈≈≈≈≈≈≈≈≈≈≈≈≈≈≈≈≈≈

很多创业者创立公司都只是为了满足自己所需。刚刚看过凯文创立 Graphic.ly 公司的创意是如何形成的，我们知道他就是这类创业者中的一个优秀典型。接着，凯文和他的创业合伙人赞（Than）就在 TechStars 的加速计划中开发了演示系统。然后，他们很快就制作出了可在网上和 iPhone 上显示漫画书的软件。他们的一位 TechStars 导师迈卡·鲍德温也喜欢这个创意。在那个夏末，凯文顺势邀请鲍德温加入并担任 CEO。迈卡、凯文和赞很快就从风险投资人和天使投资人那里获得了一轮种子期投资，并开始着手构建团队和开发产品。

Graphic.ly 的目标之一，是不管显示平台是什么，都要提供拥有绝佳图像效果的漫画书。他们还希望对用户界面进行改进，为漫画书加入社交元素，让书迷之间可以深入交流，借助漫画形成互动。与此同时，他们还与多家大型漫画书出版商合作，着手打造一个漫画图书馆。总有一天，现有的电子书销售商会开始关注漫画书这块蛋糕。不过 Graphic.ly 坚信，他们对漫画的执着和专注是他们与其他公司竞争的一大优势。

2009 年，参加了 TechStars 博尔德分部加速计划的创业者，启发布拉德去共同启动了"创业签证"（Startup Visa）动议（详见 startupvisa.com），凯文有幸成为其中一员。创业签证动议的目的，是让那些非美国籍的创业者能比较容易地拿到签证，并在美国设立公司。凯文（英国公民）和赞（法国公民）

发现，创业者想在美国拿到签证并设立公司真的是异常艰难。到 2010 年 7 月，相关提案已经提交给了美国国会众议院（由一位 TechStars 的联合创始人及来自科罗拉多州的 Jared Polis 提议）和美国国会参议院（由来自马萨诸塞州的 John Kerry、来自印第安纳州的 Richard Lugar 和来自科罗拉多州的 Mark Udall 共同提议），而且创业签证动议也作为一种草根力量，还在不断地壮大声势。

≈≈≈

创意和愿景　主题 1

寻找痛点

伊萨克·萨尔达纳（Issac Saldana）

伊萨克是 SendGrid 公司的创始人及 CEO，这家公司为需要发送系统生成事务性电子邮件的公司提供电子邮件服务。在 2009 年结束 TechStars 加速计划后，SendGrid 公司从 Highway 12、SoftTech VC 和 Foundry 集团公司获得 575 万美元的投资。

我一直都热衷于解决复杂的问题，而且天生就对可扩展性问题和复杂的工程问题充满热情。我乐于运用技术，比如用 Hadoop 进行大数据分析、用 Memcached 进行分布式存储以及用 Twisted 进行事件驱动编程。在软件工程职业生涯的早期，我曾在多家创业公司担任 CTO。不过，处理的工程类问题越多，我就越不想与用户或那些非技术的问题打交道。我坚信我的时间最好花在解决真正困难的技术问题上，而不是跟麻烦的客户没完没了地纠缠。

有一天，我正在将我们的静态数据文件迁移到 Amazon S3 云存储空间上，以解决网站的一些可扩展性问题。而这时候有一位不满的客户通知我们，我们的应用所生成的电子邮件没有发送到他的雅虎电子邮箱。于是，我开始解决这个看似很琐碎的问题。

经过一些测试，我意识到雅虎将我们的所有电子邮件都标记为了垃圾邮件。因为这已经不属于我们所能掌控的范畴，于是我联系了雅虎来解决这个在我看来很琐碎的非技术问题，这样我就可以继续做我那复杂而有趣的 Amazon S3 项目了。雅虎回复了我的请求，提示我们公司没有遵循一些公认的邮件投递标准，而且某些特定的内容一直在触发他们的垃圾邮件过滤器。

我开始研究这个问题，并寻找解决方法，但能找到的解决方案都不那么直截了当。最终，我花了好几周时间彻底搞清楚了这个问题，优化了服务器、调整了代码，而且与一些 ISP 进行了合作。我一直在想，我们公司真是运气不错，有我这么一个拥有深厚系统管理经验且积极主动的软件开发者。大多数受此问题影响的人，甚至都不知道问题出在哪里。

在某个周末，我意识到这是多么讽刺的一种情况：为了解决一个问题（垃圾邮件过滤），结果却引发了另一个严重的问题。垃圾邮件过滤器可以过滤掉大多数垃圾邮件，但一些合法的电子邮件也被过滤掉了！我就想，还存在多少与电子邮件相关的其他细微问题呢，出乎我意料的是，还有很多。接着，我就开始琢磨，与其他 ISP 之间是否也存在着电子邮件的发送问题呢。电子邮件在发送出去后会发生什么呢？谁在打开这些电子邮件并点击其中的链接呢？为什么通过系统生成合法事务性电子邮件的公司还要首先顾虑反垃圾邮件（CAN-SPAM）相关的法律呢？我敢说，还有数以千计的公司也面临着我刚刚经历过的这类问题。

果然，我找到一份报告，其中提到一家大型的电子商务公司，每 1%的合法电子邮件没能发送成功，就会令公司遭受 1 400 万美元的经济损失。因此，我又进行了更加深入的研究。

我开始跟那些使用系统生成电子邮件的公司进行交流，结果发现自己的理论是正确的。这些公司中有不少都知道，有太多的合法电子邮件被垃圾邮件过滤器误伤了，而他们几乎只能打掉牙往肚里咽，因为他们不知道如何解决，也根本没时间来解决这个问题。所以我创办了 SendGrid，让这一问题的解决变得非常简单。

当我以每月 100 美元的收费标准将 SendGrid 服务推广给几十家公司时，他们都欣然接受了。当我把收费标准提高到每月 300 美元时，他们也接受了。提高到 500 美元呢？他们还是接受了。现在，我们为数百家公司提供服务，其中不乏 Foursquare、Gowalla 和 GetSatisfaction 这样的知名公司。当你推销一个问题的解决方案时，如果发现没有人对你的报价提出异议，那么你就找到了切肤之痛。我们开发的 SendGrid 就是解决了一个非常特殊的问题，而这个问题只不过是我稍加留心所发现的。

≈≈≈≈≈≈≈≈≈≈≈≈≈≈≈≈≈≈≈≈≈≈≈≈≈≈≈≈≈≈≈≈≈≈≈≈≈

很多像伊萨克这样的在 TechStars 的创始人，都是技术达人。正如我们所看到的，SendGrid 起源于伊萨克在上一份工作中遭遇到的一个特定痛点。尽管

创意和愿景　主题 1

互联网电子邮件已经存在很久了，而且商业电子邮件也存在了15年以上，但新问题还是在不断出现。伊萨克从用户的角度重新审视了这个问题，他意识到尽管有很多公司正在解决与电子邮件有关的各种不同问题，但没有人在解决他遇到的特定问题。

与伊萨克初次见面时，我们就知道他是个技术明星，已经做了一些为人称道的事，但我们还没有意识到他解决这个问题的方法所具备的广度和影响力。而且他自己也没意识到，因为到底能有多少人愿意为此付费尚不明朗。我们鼓励伊萨克先开始做，去和客户交流，跟他们签约。

刚开始伊萨克并不喜欢做这种事情，他更喜欢坐在电脑前鼓捣代码。不过我们，还有他的 TechStars 导师，逼着他去和别人交流。最开始他只是和其他软件开发人员交流，而那些人通常都会对他交口称赞。接着他又开始跟其他网络公司的非技术高管交流，这些人也非常热情。短短几周之内，伊萨克就认识到跟早期用户进行交流是多么有用，因为他们很快就签约并开始使用 SendGrid 了。而且他们还会针对各自遇到的特定痛点迅速给出反馈，让 SendGrid 变得更能满足特定用户的需求。

在经历了数十亿封电子邮件的考验之后，很明显，现实是 SendGrid 解决了一个非常实际的痛点问题。

≈≈≈≈≈≈≈≈≈≈≈≈≈≈≈≈≈≈≈≈≈≈≈≈≈≈≈≈≈≈≈≈≈≈≈≈

尽早获得反馈

内特·阿伯特（Nate Abbott）和纳蒂·左拉（Natty Zola）

内特和纳蒂是 Everlater 的联合创始人，Everlater 是一个让用户可以轻松愉快地分享旅行经历的网站。在2009年完成TechStars加速计划后，Everlater 从 Highway 12 Ventures 那里获得了一笔数额保密的投资。

在着手创建一家旅游网站时，我俩只是财务方面的专业人士，没有任何软件开发或互联网公司运营方面的实操经验。我们甚至不清楚哪些东西是我们不了解的。因此，我们很早就将创意拿出来与人分享，并且是尽可能多地跟所能找到的聪明人一起分享。我们认为，这是绝对有必要的。

一开始，我们找那些愿意跟我们交流的朋友和家人。尽管我们的人脉资源中并没有太多互联网行家或经验丰富的工程师，不过我们拥有很多希望我们取得成功的亲戚朋友，其中大多数都有旅行的经历。跟他们交流的内容可谓五花八门，包括他们如何找酒店、他们是否喜欢剪贴簿以及他们在网上会信任谁。我们分享了自己的观点，并收到了大量的反馈。自此，结合我们的经历、了解到的市场需求以及家人朋友的宝贵意见，我们拼凑出了一个优秀创意的雏形。

有了优秀的创意，接着就是要实现它。但在编程上我们还是新手，没有经验也没有资源自学成才。于是，我们就带着问题，敞开心扉，一头扎进了开发者社区。如果没有他们的支持、指导和建议，我们早就迷失方向了。这样做也让我们的项目更具乐趣，因为有很多聪明的开发者来帮助我们将创意实现。他们的很多建议成了我们公司的核心支撑。

最后，我们要将一个科技项目变成一家真正的公司，我们的理念是竭尽所能地接触我们可以触及的所有人。我们永远也不会知道，这些人会有着什么样的经

创意和愿景 主题1

历或想法。不过我们相信，人们有可能在不经意间用一些意想不到的东西让你眼前一亮。

随着公司的发展，我们意识到，即便是经验丰富的创业者也会忘记收集足够多针对他们创意的反馈。每次在使用那些没有经过深思熟虑的软件或网络服务时，我们就能体会到这一点。而现在，即便我们已经成为一家更加成熟（尽管还很年轻）的公司，我们还是会尽早且经常与别人分享我们的想法。不仅会跟导师分享，还会跟我们的顾客和合作伙伴分享。我们希望，今天收集到的建议将来能带来尽可能多的红利，就像我们现在已经得到的这样。

现在，我们也应邀给其他一些创业者提供反馈，这是一种清晰的模式。对自己正在做的事情，许多创业者不大情愿与他人分享太多。就算是分享，在与那些可能特别有帮助的人交流时，他们也会有所保留。总之，这些创业者把自己的创意看得太重了。他们应该反过来，大大方方地站在高处，大声讲出他们正在做的事情。获取反馈和新的想法是任何初创公司的命脉，担心别人窃取自己的创意是毫无意义的。

大卫·科恩曾经告诉我们，就算你能偷到创意，也偷不到执行力。作为初次创业者，我们很快意识到，其实我们每天都会有很多创意——有一些还不错，而多数微不足道。在去芜存菁的过程中，我们认识到，要想很好地执行这些创意，其实是相当困难的。我们的小团队致力于成为执行机器，因为我们认为，这才是将优秀的创意转化成令人惊奇的产品或服务的关键所在。

通过将我们的创意分享给一些聪明的人，从中获得的早期建议和反馈，给了我们很多值得思考的创意和选择，也给了我们解决创业过程中重大问题的一个思维框架。这帮助我们顺利入围 TechStars，在这里有幸结识了一群人，他们能够理解和关心我们的想法，帮助我们解决公司每天遇到的问题。最终，我们找到了很棒的导师，结识了众多一辈子的好友，并使得自己有能力创建一家更为优秀的企业。

≈≈≈≈≈≈≈≈≈≈≈≈≈≈≈≈≈≈≈≈≈≈≈≈≈≈≈≈≈≈≈≈

如果不是善于经常尽早分享他们的创意并获取反馈，内特和纳蒂也许不会被 TechStars 接纳。在他们申请加入 TechStars 之前六个月，我们就已经见过他们了。起初，我们还心存疑惑，因为他们俩只不过是两个曾在华尔街打拼过的年轻人，没有任何技术背景或经验。他们自学编程，并使其产品在短时间内取得显著进展。在那段时间里，我们一直保持着联系。在感到惊讶之余，我们鼓励他们申请加入 TechStars。这是内特和纳蒂尽早与我们分享创意的直接结果。

顺便说一句，经常有人问我们，创立一家互联网公司是否必须得是一位技术人员。尽管有技术能力确实是有益的，不过内特和纳蒂告诉我们，这并不是必要条件。他们的经历还告诉我们，就算你不是技术人员，只要是一个聪明人，能够学会如何编写代码，那么就没理由认为自己不能学着成为一位软件开发人员。他们的故事也启发了布拉德，他在自己的博客上写了一系列名为"学习编程"（Learning to Program）的博文。

Everlater 的纳蒂和内特，2009 年夏天。

创意和愿景　主题 1

应用是创意的立命之本

马特·穆伦维格（Matt Mullenweg）

马特是 Automattic 公司的创始人，Automattic 公司的产品包括 WordPress.com、Akismet、bbPress、BuddyPress。2008 年，Automattic 还收购了 TechStars 孵化的创业公司 Intense Debate。

我喜欢苹果公司，因为他们从不畏惧将那些不完善的基础 1.0 版的产品推向市场，然后再不断完善它。举个例子：

"没有无线功能。存储空间比 Nomad 播放器的还小。中看不中用。"——2001 年，CmdrTaco⊖在 Slashdot.org 上如此评价第一代 iPod。

我还记得我的第一台 iPhone。为了买它，我排了好几小时的队，就像为了一顿大餐，你不得不在一家火爆的夜总会门外排长队等待，而这种等待让我第一次手机屏幕"滑动解锁"的经历甜美了许多。我感觉自己就像是在《星际迷航》里，这部 iPhone 手机就是我的三录仪——在使用 AT&T 通信网络时不停地掉线的一台三录仪，而我那些价值几百美元的耳机都插不进它的耳机插孔，也没有第三方应用程序，没有复制/粘贴功能，而且运行速度只能用龟速来形容。

现在我们知道了，当第一代 iPhone 带着各种瑕疵问世的时候，在苹果总部某个神秘的研究室里，iPhone 3GS 的原型机已经问世，拥有更快的处理器、更长的电池寿命和普通耳机插口——基本上各方面都很完美。乔布斯的口袋里，可能已经有一台了。而苹果公司的员工当时肯定很痛苦，要面对人们对那些已经在新产品中得以修复的瑕疵大加批评，但为了等待零部件的降价或修复一些故障，更加完善的新产品还不能发布。

⊖ CmdrTaco，本名 Rob Maida，Slashdot 的前主编。——译者注

"花 400 美元买个 MP3 播放器！我就管它叫板砖 2.0 吧，它很难卖得出去的，而且很快就会被淘汰……而且它的功能也不强大。唔，史蒂夫，我现在能弄台手持 PDA 吗？"——2001 年，elitemacor 在 macrumors.com 上针对第一代 iPod 发布的评论。

我想知道，苹果是否对整件事真的就这么淡定。要知道，在 WordPress 的发展历程中，有一段被我称为"失去的一年"的黑暗时期。WordPress 2.0 版是 2005 年 12 月 31 日发布的，而 2.1 版则到了 2007 年 1 月 22 日才发布。光从日期上看，有人可能会觉得我们的开源社区内部产生了什么分歧，所有志愿者都离开了，或是 WordPress 的发展脚步慢了下来。

事实正好相反，2006 年是 WordPress 取得诸多突破的一年。那一年，WordPress 被下载了 150 万次，而且我们也吸引了一些高水准的博客从其他博客平台迁移到 WordPress。持续增长的表现也帮我们的项目吸引了大量新的开发人员，我们开发新功能和修复缺陷的速度之快也是前所未有的。

在那一年，我们真正的命门是"再多做一点"。其实，如果能不负责任地推出尚不完善的产品，那一年我们可以轻松发布三个主要版本。不过问题在于，距离上次发布的时间越长，压力和期望也就越大，就更可能掉进再多做一点或再修复一个缺陷以使得某个功能特别精彩的陷阱。对一些项目来说，这种做法可能会永无止境。

"喂，苹果，我有个想法，与其扎进充满噱头和玩具的世界，为什么不多花点时间在你们那贵得要命却烂得掉渣的服务器产品线上呢？难道你们的目标就是成为一家华而不实的消费噱头公司？"——2001 年 Pants 在 macrumors.com 发表的言论。

我想，在 iPod（或 iPhone）发布之前，肯定有很多人也会这么说。那些添加复制/粘贴功能的开发人员就快弄好了，他们知道 IT 评论家沃尔特·莫斯伯格（Walt Mossberg）免不了会"敲打"他们一番，因此他们肯定会想："不急着交给生产商，再等上几个星期"。他们可能相当尴尬。不过，要想在第一版发布时不感到尴尬，那就是你等待的时间太长了。

主题 1 / 创意和愿景

苹果公司做得很漂亮的地方，就是他们淘汰自己产品的速度相当快。我想，这也是让产品发布变得更容易的原因所在吧。正如我之前所说的，距离上次发布的时间越久，压力就越大。不过，如果自己知道现有的代码没法支撑新版本，但六周后能让版本号提升 0.1，那事情也不算太糟。这就像由旧金山飞往洛杉矶的航班，即便是错过了这一班，一小时后还会有下一班，没什么大不了的。

应用是创意的立命之本。在产品面世之前，我们不可能完全预测受众会有何反应。这也意味着，你在研发产品的时候，如果不将其公之于众，那它实际上会因为缺少现实世界的氧气而逐渐走向死亡。更糟糕的是，在真空中无法完成开发工作。如果你有了一个还算不错的创意，可以肯定的是，世界上其他地方还有一些团队在独立做着同样的事情。有一些你甚至没想到的事情，可能会破坏你所瞄准的市场。看看那些播客公司吧，在苹果将播客功能加入 iTunes 之后，那些公司便从市场中销声匿迹了。

尽早发布产品，因为获得了对产品的反馈，你通常就能形成独特的竞争优势。在最佳情况下，这会帮助你预测市场方向；在最差情况下，也能给你带来一些核心用户。当你的团队启动一个新的创意时，可以与这些核心用户进行交流。

你觉得自己的公司与众不同，你在媒体上曝光的机会只有一次。在 TechCrunch 将你公之于众时，你需要在各方面都表现得很完美。不过，如果认为你在获取受众上也只有一次机会，那就大错特错了。

在经历了从 2.0 版到 2.1 版那丢失的 2006 年之后，WordPress 社区采取了一个颇为激进的版本发布计划，即每年发布三个主要版本。

我喜欢开发网络服务，Automattic 的所有业务基本上都是聚焦于服务。在 WordPress.com 产品线上，我们每天部署代码二三十次，公司中的任何人都可以进行部署工作。我们会检测完成数百台服务器部署的时间，如果时间太长（超过 30~60 秒），我们就会想一种新办法来优化它。

在一个快速迭代的环境中，最重要的事不再是发布出去的代码有多完美，而是修复的速度有多快。这样才能真正将出错的成本控制得很低，比如低于一分钟的中断。有的人可以在几分钟内将想法变成可以部署的代码，甚至将其推送给实际用户。我实在想不出比这更好的测试方式了。

　　"真的艺术家，能将产品上市。"——史蒂夫·乔布斯，1983 年。

≈≈≈≈≈≈≈≈≈≈≈≈≈≈≈≈≈≈≈≈≈≈≈≈≈≈≈≈≈≈≈≈≈

　　当布拉德第一次见到马特时，他们在帕罗奥多市一家不错的餐厅共进了晚餐。那时的马特还不到饮酒的年纪，结果与他俩同行的杰夫·克拉维耶（Jeff Clavier，也是 TechStars 导师）和布拉德不得不喝光了所有的酒。在那次晚餐中，马特和他对 WordPress 的愿景打动了布拉德，并且布拉德还成了马特和 WordPress 的忠实粉丝。（我们现在也算是 Automattic 的投资人，因为 Automattic 并购了 2007 年由 TechStars 孵化的 Intense Debate 公司。）

　　马特对 TechStars 的贡献不可低估。除了每年夏天都会待在博尔德与那些 TechStars 加速团队见面之外，对于在创造一些革新性产品的首次创业者来说，他也是一个巨大的启示。还有，马特现在已经到了可以喝酒的年纪了。

2008 年夏天，马特·穆伦维格在 TechStars 通过 Foodzie.com 下第一个订单。

≈≈≈≈≈≈≈≈≈≈≈≈≈≈≈≈≈≈≈≈≈≈≈≈≈≈≈≈≈≈≈≈≈

主题 1 / 创意和愿景

忘掉那些杂七杂八的东西

大卫·科恩

大卫是 TechStars 的联合创始人及 CEO。

创业唯快不破

我看到过"万事求全"扼杀了不少创业公司。当一家创业公司开始增加比竞争对手更多的功能时，就会染上这种疾病。从根本上来说，这是一种有缺陷的战略，它假定用户会因为功能更多而选用一种新的服务。而现实是，大多数人选用某种特定的服务，只是因为这种服务能将某件事做得更好。想一想自己的亲身体验，你就会明白这是真的。

我曾经通过添加越来越多的功能，包括一些乱七八糟的功能，试图来解决问题，为此我感到非常内疚。iContact[⊖]是我创立的第二家公司，是一家严格遵循"万事求全"原则运营的公司。我曾很自豪地告诉每个人，iContact 比当时市面上所有其他移动社交网络产品的功能都多。不过市场的回应却是："那又怎样？"包括我们自己在内，没有人清楚 iContact 到底比其他产品好在哪里。当没有取得预期的市场反响时，我们的应对方式是添加更多功能（包括一些很炫很新的无用功能），这是个致命的错误。实际上，我们应该把这些杂七杂八的功能全部删除，并专注于用户真正喜欢的事情上。iContact 最终失败了，而这也是我学会这一课的过程。

有几家参与 TechStars 加速计划的公司，他们最开始的计划都类似于

⊖ 你可能听说过 iContact，不过那不是我创建的 iContact。这个域名已被重新使用，现在 iContact 是一家非常成功的电子邮件营销公司，我朋友赖安·阿里斯（Ryan Allis）是这家公司的负责人。没错，iContact 这个域名就是我创业失败后卖给他的，这也是我那家失败的公司最大的一笔收入了。

"MySpace＋Facebook＋YouTube＋乱七八糟功能"。我们很早就开始引导他们，告诉他们一定要在某些方面做到最好，并在此基础上打造公司。我们要求他们聚焦于自己的热情，专注于最小的、有意义的问题，只要他们能比世界上任何其他人的解决方案做得更好。

我很喜欢埃文·威廉姆斯（Evan Williams，Odeo、Blogger 和 Twitter 的创始人）对此的看法：

> 专注于自己可以解决的最小问题，这可能在将来有所裨益。大多数公司在刚起步时想做的事太多了，结果让公司生存发展变得异常艰难，公司也毫无特色。将关注点聚焦于一个小地方有很多好处，比如工作量大幅减少，就可以将某一事情尽可能做到极致。小的事情，就像微观世界，只要放大去看，几乎总是可以变大到超出想象。如果更加聚焦，那么在定位和营销时也会更为容易。而且遇到对外合作或是被收购机会时，产生冲突的可能性也会越小。尽管这一切逻辑上都很合理，但要做到非常专注，还存在一些阻力。我觉得，阻力来源于一种惧怕事情变得琐碎的恐惧感。请记住：如果能把业务做到细分领域的第一，那么就算这个领域的市场规模非常小，也可以利用已有的影响力来扩大业务范围。

埃文最后的观点是关键所在。如果你是世界上将 X 业务做得最好的公司，那么要将业务扩展成 X+Y 就会容易很多。因为将 X 业务做得非常优秀，你已经获得了顾客的信赖和喜爱。这些顾客会很有耐心，并且愿意帮助你推动 Y 业务。这是个坚实的平台，从这里开始构建更多业务要容易许多。

如果你正处在创业初期，那么请帮自己个忙，弄清楚哪件事将会是你能在全世界做到最好的。无论如何，要行动起来。花点时间，想想该如何达成目的，并避免关注那些杂七杂八的事情。只有这样，市场才会对你青睐有加。

创意和愿景

主题 1

找到用户喜爱的一样东西

达伦·克里斯多（Darren Crystal）

达伦曾是照片共享公司 Photobucket 的联合创始人和 CTO。2007 年，新闻集团（NewsCorp）出资 2.5 亿美元收购了 Photobucket。达伦 2007 年成为 TechStars 的创业导师。

2003 年，在亚历克斯·韦尔奇（Alex Welch）跟我合伙创立 Photobucket 之前，亚历克斯已经上线了一个照片共享网站。我们注意到，网站的用户经常会做一些我们不希望他们做的事情。我们只是希望用户通过这个网站在彼此之间分享照片，而他们却将照片嵌到别的网站中。

一开始，我们的本能反应是制止这种行为，因为我们不希望用户这么做。不过，幸好我们没有迅速将本能转化为行动。我们只是开始观察用户的行为，接着发现大多数用户根本不关心照片共享的网站。我们的服务只不过是为用户提供了一种途径，方便他们将照片展示在诸如 eBay、LiveJournal 和 Craigslist 之类的网站上以及 MySpace 这样的社交网络上。

我们不是仅仅空想自己了解用户的行为，这些是通过对日志的细致监测和深入分析才得来的。我们没有禁止用户去做一些事情，而是往后退一步，确定他们是不是喜欢用我们的服务来做这些事，我们应该让他们更容易做自己所想做的事情。于是，Photobucket 就诞生了。

用户曾绞尽脑汁，通过技术手段寻找能免费存放照片并能从其他网站链接这些照片的网站。但大多数照片共享网站不提供外链功能，不允许存储的照片出现在其他网站。这是多么痛苦的一件事啊。于是我们创建了 Photobucket，想把观察到的这种行为变得极其简单，并针对这一特定用途来设计 Photobucket 网站。

事实证明，用户非常喜欢 Photobucket！我们提出了一个计划，让用户可以通过 Paypal 给我们捐赠五美元。结果，不断流入的捐赠足够覆盖我们的网站维护成本。用户会为了确保网站的生存而捐赠，你就知道这个网站的价值了。

自此以后，Photobucket 就开始以惊人的速度发展了。我们曾一度以每月增长一个 Flickr（另一家很受欢迎的照片共享网站）的速度壮大。最终，我们将公司卖给了默多克新闻集团旗下的福克斯互动传媒公司（Fox Interactive Media）。这一切之所以会发生，是因为我们找到了一件用户喜欢并且想做的事情，然后尽全力让用户更容易地做到这件事。如果你真的留心了解用户的喜好，那么即便他们在做一些你不希望他们做的事，你的发展路径也会变得清晰明了。

≈≈≈≈≈≈≈≈≈≈≈≈≈≈≈≈≈≈≈≈≈≈≈≈≈≈≈

在 TechStars，我们乐于告诉每家公司去寻找一种对他们的用户而言不可或缺的东西。一旦找到，我们就鼓励他们将这件事情做得更好。Photobucket 就是一个极佳的将一件事做得非常好的那种公司的案例，尽管创始人最初想做的并不是这些。

TechStars 在 2007 年孵化的公司 Intense Debate 也专注于做一件事——让博客评论更好。最初，Intense Debate 是一个实时网络辩论系统。不过它很快就演变成了网上最好的博客评论系统，并被上万家网站所采用。现在，Intense Debate 公司在为 United Press International（合众国际社，UPI）这样的大型网站提供评论系统，该公司已经于 2008 年被 Automatic 公司收购。Intense Debate 的创始人因为专注于用户对他们的期望——嵌套博客评论，并让博主可以很方便地通过电子邮件回复评论，而享有盛誉。在 Intense Debate 这个案例中，他们提供了两样让用户喜爱的东西。

≈≈≈≈≈≈≈≈≈≈≈≈≈≈≈≈≈≈≈≈≈≈≈≈≈≈≈

创意和愿景 主题1

别光做计划，要打造产品原型

格雷格·雷纳克（Greg Reinacker）

格雷格是 NewsGator Technologies 公司的创始人及 CTO，该公司是一家企业社会化计算软件供应商。从 2007 年起，格雷格成为 TechStars 的创业导师。

在 2002 年的圣诞假期里，我做了一件每位优秀的程序员都会做的事——扔掉很好用的软件工具，转而从头开始编写一个自己的版本。我在这里说的是我编写的博客软件，它是我从零开始亲自编写的，为的是取代我之前所用的博客软件 Radio Userland。

不过到 2003 年 1 月，我发现我把之前使用的 RSS 聚合工具（是 Radio Userland 产品的一部分）也扔掉了，这时我才痛苦地意识到，RSS 聚合工具已经成为我日常工作中重要的一部分。所以，我立刻着手用信用卡买个新的聚合工具，然后回归自己.NET 咨询的本职工作。

那时候 RSS 聚合工具不多，实际上，我记得好像一共只有四种，但没有一种完全符合我的预期。其中有一种比较接近，其外观和风格类似 Outlook，不过快捷键完全不同，结果让我在想删除一些东西的时候却把它们转发出去了。在适应这个聚合工具的过程中，我的脑海中突然灵光乍现——为什么不能像读邮件那样，直接在 Outlook 里阅读 RSS 的订阅内容呢？

我以迅雷不及掩耳之势构建了一个产品原型，可以将 RSS 订阅内容显示在 Outlook 中，然后截了图，并在 2003 年 1 月 4 日将这个图发布在我的博客上。一夜之间，评论铺天盖地，都是对这个创意的正面回应。到此为止，整个过程只经历了不到 10 天的时间。

受到这些反馈的鼓舞，我花了一整晚的时间来改善产品原型，并在 1 月 5 日将"Outlook 新闻聚合器"0.1 版发布在博客上,第二天又发布了 0.2 版,以便刺激那些满腹狐疑、任何东西(更不要说是跟 Outlook 集成的东西了)都不敢安装 0.1 版本的人。第 9 个版本 0.9 版是在 2 月 10 日发布的,到了 2 月 23 日,NewsGator 1.0 问世了。在发布这一系列工具的过程中,我还专门建立了一个带有信用卡直接支付功能的电子商务网站来销售 NewsGator。而这一切,都是在我产生创意之后的 60 天内发生的。

在早期的开发过程中,我非常公开地讨论了可能加入的新功能,以及这些功能的用途。我还在博客上开诚布公地询问了一些技术问题,比如当聚合器取回订阅信息时,HTTP 参照地址(HTTP referrer)应该被设置成什么。尽管有一些现成解决方案的案例,不过都似乎不甚理想。因此,我试着在受众中找些人来先行体验,从而确定怎么做才会更好。大部分设计在那时候都是新的,在其他几个人的协作下,我为未来使用 RSS 的应用程序奠定了基础。

我还记得 NewsGator 发布的第一天,总共卖出去了 25 份。我坐下来盘算了一下:25 份乘以单价 29 美元,再乘以一年 365 天——这就是我最初的商业计划!开发出产品并公之于众的好处之一,就是在产品发布的第一天会有很多博客和文章谈论它,这其中不乏一些使用过该产品的知名人士的评论。这些文章中,大多数都表扬了它,还说它改变了他们的生活,让他们更具吸引力,还让他们的工资翻了一番。好吧,至少是改变了他们的生活。

接下来的几个月时间,我都花在了产品的迭代上,多数时间用来完成一些在 1.0 版中没有实现的复杂功能。我还注意到,有些公司购买 NewsGator 作为内部业务用途。一些订单一次就会订购 50 份产品,毫无疑问,这是非常鼓舞人心的。在 1.0 版发布两个月后,我辞掉了我的咨询工作,把所有精力都放在了NewsGator 上。

我心想,如果要想成为富豪并在加勒比海的某个岛上享受退休生活,就必须让 NewsGator 吸引那些主流技术媒体的注意。我不知道该怎么做,因此我觉得需要一个公共关系(PR)代表。我询问了一些熟人,有人给我介绍了一个专门给小型技术公司做 PR 的人。那时候,公司赚的钱足以付她工资以及满足大部分的

创意和愿景　主题 **1**

支出，可是还无法支付我自己的工资。唉，这就是创业公司的生活啊——我找个人来构建团队，给她开了工资，就没钱留给我自己了。我们花了不少时间与媒体和分析师打交道，还举办了各种活动，这些努力为产品推广和公司宣传带来了实实在在的好处。

经过我几个月的工作，我们终于在 2004 年 1 月推出了 NewsGator 2.0 和 NewsGator Online 平台，用户可以在多台计算机和在线聚合应用间进行同步。对我来说，这是一次雄心勃勃的发布：多种产品同时问世（手机版、电子邮件客户端以及 Web 服务），还有一项单独提供的付费内容服务。NewsGator Online 是月费五美元起的订购服务，在发布之前，已经有 100 位左右的公测用户使用过这个平台了。

2004 年上半年，我主要运营这些产品以及为在线平台添加新应用。我还开发了专用于 Windows Media Center Edition 的内容阅读器，这个工具很快就出现在了"Media Center"界面的"线上焦点"上。我构想了一整套产品生态，其中所有产品都能同步，以便消费各种内容。不过也正是从这时候起，我意识到要构建整个产品生态，光靠一己之力是不够的。

到这时，公司每月收入大概有 2 万美元了，而且还在不断增长，但这速度还是不能让我满意。我估计，公司要是继续这样自然发展，在接下来的一年里虽然也能挣不少钱，不过最终可能会被规模更大、资金更足的公司踩在脚下。另一种选择，就是找人给公司投资，将我脑中的愿景变为现实，孤注一掷地拼一把。

与布拉德·菲尔德在一起时，他根据我给他展示的那些神秘图表，分析出了未来的走势，我决定大胆搏一下。如果我没有积极地构建原型并进行迭代，那么可能永远也不会得到机会的眷顾。五年之后，我明白了当初自己做出的选择是正确的。NewsGator 现在已经成为企业社会化计算软件的领导者，并拥有 100 人左右的团队。

≈≈≈≈≈≈≈≈≈≈≈≈≈≈≈≈≈≈≈≈≈≈≈≈≈≈≈≈≈≈≈

格雷格所说的神秘图表分别是收入增长图和产品图。不过这张收入增长图缺少了非常重要的部分——Y 轴！

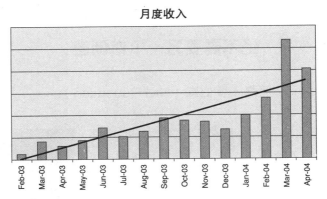

来源：NewsGator。

布拉德看到这张图之后，他的第一个问题是："Y 轴的坐标范围是什么？"格雷格一时语塞。布拉德接着说："格雷格，我保证这会是我们俩之间的秘密，不过如果 Y 轴的坐标范围是 0～1 美元的话，这张图就毫无意义了。"格雷格承认，他 3 月份的收益是"大约 2 万美元"。

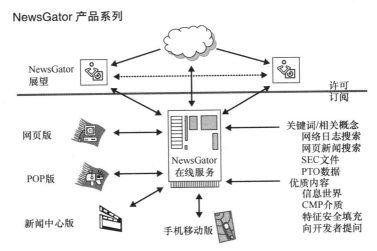

来源：NewsGator。

另一方面，这张产品图则不啻为一枚重磅炸弹。这正是真正吸引布拉德的地方。

格雷格知道该如何分享他的愿景，不过更重要的是，他马上就开始构建原型。没有什么比一个可运行的早期产品更能传达创意。

创意和愿景 主题 1

绝不需要另一个新创意

尼尔·罗伯森（Niel Robertson）

尼尔是 Trada 公司的创始人及 CEO。Trada 是第一家 PPC（点击付费广告）交易市场，它使得坐在家里的广告主可以利用数百位全世界最优秀 PPC 专家的技能。2007 年，尼尔成了 TechStars 的创业导师。

2008 年夏天，我第一次在 TechStars 做了一场关于产品管理的演讲。那天晚上，我讲到了一个观点："只要我倾听了客户的声音，就绝不需要另一个新创意。"这句话吸引了所有创业者的注意力，我们后来就这一点讨论了很长时间。

这是个简单的概念。获得客户，然后倾听。真的可以这么简单。

善于倾听是任何创业者都应该具备的一个重要技能。我们都习惯于游说人们来尝试使用我们的产品、投资我们的公司或者听我们说些什么。如果你也这样对待客户，结果将适得其反。

太多创业者只是按照自己对客户的理解，想当然地去打造产品。如果你在寻找一些能让公司变得更好的创意，那么就直接去跟客户交流吧。这不是什么尖端技术，不过让我一直很惊讶的是，并没有几家公司能把这件事做好。

≈≈≈≈≈≈≈≈≈≈≈≈≈≈≈≈≈≈≈≈≈≈≈≈≈≈≈≈≈≈≈≈≈≈≈

Trada 是尼尔的第三家创业公司。他的首家创业公司 Service Metrics 取得了巨大成功，在 1999 年被 Exodus 以 2.8 亿美元的价格收购。而第二家创业公司 Newmerix 却在推出一系列产品，并打造了一个数量尚可的客户群体之后最终失败了。当尼尔开始构思 Trada 时，他花了三个月的时间与布拉德的合伙人赛斯·莱文（Seth Levine）紧密合作，以便更好地了解 PPC 的工作机制、PPC 的弱点所在以及 PPC 最终用户的困扰是什么。谷歌的 Adwords 以 200 亿美元的规模处于 PPC 行业的领先地位，不过尼尔认为 Adwords 的效率不高，而且对很多广告主来说，其效果非常糟糕。

90 天后，尼尔积累了大量的数据，并形成了清晰的创业方向。Foundry 集团给 Trada 提供了种子资金，不过尼尔并没有停止与客户的交流。在 Trada 早期团队开发并发布其第一款产品时，尼尔就将"倾听客户的声音"的文化深深植入到了 Trada。产品的每个功能、设计元素以及业务决策，都源于从早期客户那里获得的数据。

Trada 深谙此道，他们后来获得了由谷歌创投（Google Ventures）领投的新一轮投资。写成本章之时，Trada 是 TechStars 科罗拉多州博尔德分部成长速度最快的创业公司之一。

TechStars 马萨诸塞州剑桥分部办公室墙上到处可以看到的贴纸。

创意和愿景　主题 1

先把产品拿出来

肖恩·科贝特（Sean Corbett）

肖恩是 HaveMyShift 公司的联合创始人，公司提供的网络服务可以让轮班工人拥有更多的灵活度和自由度。西恩是 2009 年 TechStars 波士顿分部的毕业生。

HaveMyShift 是面向全美国 7 400 万小时工的网络劳务市场。他们可以在 HaveMyShift 网站上与别人交易轮班工作，从而有机会为自己选择更合适的工作时间。到目前为止，我们已经帮助 5 600 多位来自星巴克、坚宝果汁连锁餐厅（Jamba Juice）、维格曼斯食品超市（Wegmans）、沃尔玛、宜家、塔吉特（Target）和全食超市（Whole Foods）等公司的雇员交易了 44 000 多小时的轮班工作时间。

当开始创立 HaveMyShift 时，我们有意识地尽力避免开发一些人们不想要或不需要的功能。实际上，从开始编写第一行代码到网站上线，只用了两周时间。有人问我们是如何在两周内把想法变为现实的，好吧，都是因为我那辆自行车。

当时我没有汽车，只能骑着自行车去走访芝加哥地区的几家星巴克咖啡店。我一开始只是问那些店员和店内管理人员想要什么，以及我们的软件需要设计哪些功能他们才会使用。他们不仅很乐于跟我交流，而且还让我明白，如果我们能将一两件事做得很好，那么我们的软件就能立刻对他们产生价值。

一开始，我们很纠结，在开发过程的早期是不是该把还不成熟的产品交到用户手中。推迟发布的最主要原因总是："如果用户不喜欢，并且不再继续使用该怎么办？"我们很害怕用户在体验产品后感觉不满意。如果我们的产品把人们都吓跑，如何才能获得爆炸性增长呢？

那些像我们一样依赖庞大用户群的公司，不大可能因为得罪一些用户而影响公司后续的增长。那些负面新闻和负面体验传播的速度并不是那么快，人们也不会四处传播他们体验的某种服务没什么价值。如果他们真的说了，那么就很容易找到问题并解决问题，这样一来你便成了救世英雄。你可以打造一款最小可用产品，检验你的一些设想，解决一些与业务有关的问题，然后让用户使用你的产品。

在产品生命周期的早期阶段，倾听用户的声音，这是一种非常好的打造一款让越来越多的用户使用并愿意付费的产品的方式。我们很快发现，当某一区域发布了一个轮班工作机会时，就给该区域所有感兴趣的用户发送电子邮件，这并不是一个好主意，这会导致我们的邮件在几周内就进入了垃圾邮件黑名单。我们必须将信息推送模式改成只发送信息摘要，这也让我们找到了一种区分网站免费和付费功能的好办法。我们提供了紧急轮班工作的功能，通过收费向更多人发送更多电子邮件。我们没有管理零售商店的经验，不过很快就收到了来自用户的信息，零售店经理希望能在网站上看到某种形式的信誉系统。通过尽早让产品面世，我们找到了那些对用户来说非常重要的基本功能。

让人们使用 HaveMyShift 也增加了我们公司的信誉度。每当我们用户数增长 10 倍，我们就能获得更多信誉度。这种真实可信的经历帮助我们进入了 TechStars，也帮我们接触到了对我们非常有帮助的零售业人员。说服人们尝试使用 HaveMyShift，为我们提供了很多与后续更大客户会面的机会。不断重复这个过程，让我们十分受用。

≈≈≈≈≈≈≈≈≈≈≈≈≈≈≈≈≈≈≈≈≈≈≈≈≈≈≈≈≈≈

初创公司常犯的错误之一，就是撇开用户独自开发产品。除非有人在使用你的产品，否则不可能学习改进。肖恩的创业故事就是初创公司一种有效的尝试。他不是仅仅按照自己的思路来凭空开发完美产品，而是骑着自行车去拜访芝加哥地区的星巴克咖啡店，并询问店员和店内管理人员什么功能对他们最有帮助。几周之内，这群人就用上了上线的产品，并不断给他反馈。

HaveMyShift 的早期用户对产品热情高涨，他们根本不在乎产品的早期缺陷。这些用户也帮助肖恩建立了信誉，并对产品和商业模式产生了巨大影响。

≈≈≈≈≈≈≈≈≈≈≈≈≈≈≈≈≈≈≈≈≈≈≈≈≈≈≈≈≈≈

创意和愿景　主题 1

别做井底之蛙

毕吉恩·萨贝特（Bijan Sabet）

毕吉恩是 Spark 资本在波士顿办公室的普通合伙人，也是 TechStars 波士顿分部的联合创始人，而且从 2009 年起成了 TechStars 的创业导师。

在初创公司的世界里，优秀的创意只是一个环节，但执行是创业的全部。我所认识的那些最优秀的创业者，主要通过以下几点体现其良好的执行力。

- 对正试图解决的问题，充满热情并富有远见。
- 确认并理解为了实现目标必须要做的事情。
- 将纯粹的决心、使命感和专注力结合起来，以一种健康的紧迫感去实现目标。
- 能认识到事情很少按计划发展。

我认为前三条都比较简单明了，不过最后一点相当有挑战性。

当我在 TechStars 为创业公司提供指导时，那些创业者通常会将前三条牢记于心，因为这些是一家典型的 TechStars 公司所需要具备的。但困难在于，要让他们明确认识到坐井观天是致命的。

举一个特别的例子。Boxee 公司（boxee.tv，我是其董事之一）创始人的愿景和激情是将公共网络引入到电视机上。在刚创立这家公司时，他们的愿景是开发一种开源媒体应用程序，并配上网络服务和一个能用电视遥控器（而非键盘和鼠标）流畅操作的用户界面。

一开始，他们认为要达成这个目标，最佳方式是设计一种低成本机顶盒，并将他们的应用程序集成到硬件之中。他们从朋友和天使投资人那里获得了少量资金，做出了一款硬件及软件的原型产品，并让少量用户来测试这个产品。这一切都发生在 2007 年。

到了 2008 年，他们决定为公司寻求风险投资机构的支持。当找到我时，他们觉得自己的"硬件+软件"模式是正确的发展路线。但我不这么看，我建议他们放弃硬件部分，并专注在软件和用户体验上。在我与 Boxee 公司的联合创始人及 CEO 阿夫纳·罗南（Avner Ronan）第一次见面后，我就告诉他我很喜欢他们的愿景，不过我希望给"Un-Boxee"投资。从根本上来说，就是给"没有机顶盒的 Boxee"投资。

我不是唯一给出这种反馈的人，他们也从一些其他风险投资机构以及他们所信赖的顾问那里听到了同样的建议。在经过深思熟虑之后，Boxee 公司决定专注在软件上。他们得出的结论是，这样做能以最快的速度将产品铺开，让他们成为一家极具资本效率的公司。

尽管他们以审慎的态度对待这一战略调整，不过很快就做出了决定。接着他们就以低廉的成本迅速将其应用程序提供给了几十万用户，后来他们获得了我们机构（Spark Capital）和 Union Square 风投的风险投资。

他们的用户基数增长迅速，而且有几家大型消费电子产品公司与 Boxee 接洽，探讨将 Boxee 软件捆绑到这些公司的消费电子产品的硬件上。至此，Un-Boxee 产品（只含软件）获得了令人难以置信的积极反馈，Boxee 公司现在又回归到了他们最初的想法，将硬件和软件结合起来的产品。他们削减了当前的业务，并规划在短期内发布软、硬件结合的产品（Boxee Box）。

Boxee 公司仍然面临不少的工作和风险。如果他们固执己见、坐井观天，也就无法走到今天这一步。在他们明白了并非所有事都能按计划发展之后，阿夫纳和他的团队才达到了这个高度，才让他们有机会去实现 Boxee 最初的愿景，只是不一定要按照他们事先计划的路径发展。

创意和愿景　主题 1

专　注

贾里德·波利斯（Jared Polis）

贾里德是 TechStars 的联合创始人，也是 BlueMountainArts.com 和 ProFlowers 等多家公司的创始人，现在还是科罗拉多州第二选区的国会议员。

创意很容易获得。我就曾有过很多根本没时间去仔细琢磨的创意，也从一些怪人和流浪汉那里听到过很多好创意。但我认为，成功的关键是专注于一个好创意，并好好地将其实现。在 ProFlowers 的案例中，我的创意是缩短供应链，将花卉直接从花农那里配送给客户，并以更优惠的价格向客户提供更新鲜的花卉。

自那之后，就是专注于实施的事情了。我不得不开发一套系统，来让花农接收订单。因为那时候很多花农完全不懂高科技，我们没法通过互联网与他们保持联系，因此我们想了一种傻瓜式的方法，将联邦快递的标签直接传真给花农，让他们用胶贴纸把标签贴在货箱上。我们在市场营销和客户获取方面也不敢懈怠。哪怕我们是最好的，如果没人知道也就没法获得大成功。所以在完成融资之后，我们就聘请了顶尖直销人员，在取得新用户上获得了巨大成功。从 1998 年成立起，ProFlowers 就在迅速成长，并于2004年成功上市。到2006年Liberty Media以 5 亿美元的价格收购它时，它总共实现了超过 2.5 亿美元的销售收入。

保持专注很关键，不过这也是创业者要面对的最困难的挑战之一。在 ProFlowers 成立后的第二年，我们发现龙虾的情况与花卉类似。来自码头的新鲜龙虾就像来自农庄的新鲜花卉一样，也需要迅速送达客户，而我们的技术只需略微改变就能完美地运行。不过，我们当时没有考虑到，与花卉市场相比，美国的龙虾市场其实规模很小。除了龙虾之外，我们还想过尝试其他国家的市场，比如日本。我们最终在日本开了一家子公司，我甚至到日本去考察那些重点顾客群，看看他们购买鲜花的习惯和我们所熟悉的美国顾客的习惯有何不同。尽管在文化上挺有意思，但我们进军日本的行动却完全是在浪费时间。现在回想起来，我们应该用 100%的时间、精力和资金抓住 70 亿美元规模的美国花卉市场。如果我们是一家市值 10 亿美元、在花卉市场占据更大份额的成熟公司，也许可以考虑一下其他市场的机会。幸运的是，我们很快就掉转了航向，控制住了开拓龙虾市场和日本市场的冒险行为所造成的损失。

∼∼

贾里德是一位了不起的创业者。作为两位创业者（美国一家历史悠久的大型贺卡公司 Blue Mountain Arts 的两位创始人）之子，他在大学期间就跟别人联合创立了第一家成功的公司 AIS，并在 20 世纪 90 年代中期以 2 100 万美元的价格出售给了 Exodus。他与父母密切协作，随后创建了 Blue Mountain Arts 的在线版 Blue MountainArts.com。布拉德于 1995 年搬到博尔德之后，与贾里德成为密友。1999 年，Excite.com 以约 8 亿美元的价格收购了 Blue-MountainArts.com。很凑巧的是，布拉德在 Foundry 集团的合伙人之一赖安·麦金泰尔（Ryan McIntyre）正好是 Excite 的联合创始人。贾里德还在运营 BlueMountainArts.com 时就已经创立了 ProFlowers，但在 Excite 收购 BlueMountainArts.com 之后他才将全部精力放在 ProFlowers 上。

当大卫和布拉德在 2006 年创立 TechStars 时，他们只找了其他两位创业者帮助提供第一年计划的运营资金。大卫过去的业务合伙人大卫·布朗（David Brown）是其中一位，而另一位就是贾里德。

贾里德·波利斯（右）与大卫·科恩在 2008 年 TechStars 的迎新日。

∼∼

主题 1

创意和愿景

不停迭代

科林·安格 （Colin Angle）

科林是 iRobot 公司的创始人、董事长和 CEO。iRobot 是一家市值约为 5 亿美元的上市公司（股票代码 IRBT），公司制造广受欢迎的真空吸尘器机器人 Roomba，还制造诸如 Packbot 之类的一系列军用机器人。科林是 TechStars 波士顿分部的联合创始人，自 2009 年起成为 TechStars 的创业导师。

在 1990 年成立 iRobot 公司时，最初的商业计划是提供私人登月计划和销售电影版权。我们的实际进展情况令人惊讶。我们在爱德华空军基地研发了运载火箭（名为 Grendel 的机器人），在一架被亲切地称为"智能卵石"（brilliant pebble）的超小型航天器上进行了飞行测试。我们同意将所收集的数据出售给美国国家航空航天局（NASA），以换取项目所需经费。我们甚至还招募了电影《布鲁斯兄弟》（*Blues Brothers*）的制片人加入我们的董事会。尽管这是一个很有趣且大胆的创意，但最后没能成功。不过，我们找到了通过政府项目赚钱的方法，做了一个非常酷的项目，而且依然雄心勃勃。我们清楚，在未来会有更多新奇的、独特的创意，所以还要继续尝试。我们决定寻求与大公司的合作机会，与庄臣公司（Johnson Wax）合作开发工业清洁机器人，与贝克休斯公司（Baker Hughes）及哈利伯顿公司（Halliburton）合作研发石油勘探机器人，以及与孩之宝公司（Hasbro）合作研发玩具机器人。在这些合作中，我们可以在合作伙伴愿意承担大部分成本的情况下进军到一个市场，与这些合作伙伴一起干一番大事业，为彼此创造价值。在所有的这些合作结束时，我们在道义上和收益上都能不受伤害。当然，最终这些计划都没有实现。

在这段时期，我们也并非毫无进展。我们认识到，我们的技术固然好，但也没有那么好。更重要的是，我们知道了如何经营企业，如何建立成功的合作关系。

我们知道了知识产权在什么时候是事关重大的，而什么时候又是发展道路上的障碍。我们知道了当拥有自己的律师时，就可能强迫别人按照自己的想法办事，但对其他人来说，真正管用的是人际关系。我们还知道到了很少有人会关心我们如何实现一些东西，这些人更关心的是我们能否为最终用户创造价值。

最后，我们还懂得了公司的使命并不是一句空话。比如，我们的使命是"打造超酷事物，提供优秀产品，快乐工作，开心赚钱，改变世界"（Build Cool Stuff, Deliver Great Product, Have Fun, Make Money, Change the World）。这个使命让我们即使经历大风大浪，也因共同的目标紧密团结在一起。它提醒我们，我们的目标是保持快乐和赚钱。最重要的是，它提醒我们，我们的使命不仅仅是赚钱，还要在此过程中改变世界。这是一份值得追求的事业，即使我们需要打电话告诉客户：①抱歉，我们的机器人还没做好呢；②不管怎样请付账吧，我们还得发工资呢。

能摆正位置并直面创业初期困难的公司，是有机会取得成功的。在 iRobot 的案例中，我们可能在设计玩具或勘探石油方面做得不怎么成功，但我们利用之前的经验开发出了高质量的清洁机器人，通过业内最具创新性的人工智能软件，使得所提供的清洁服务拥有很高的性价比。另外，我们也存活了足够长的时间，等到了时机成熟，投资人开始觉得机器人创业公司的投资比很多互联网创业公司的投资相对更安全。因此，我们吸引到了风险投资的资金。

在这种情况下，我们获得了资金，Roomba 开始设计，并于 2002 年 9 月 15 日问世。如果不是持续迭代，我们根本不可能走到这一步，之后的世界也绝不会跟现在一样。

≈≈≈≈≈≈≈≈≈≈≈≈≈≈≈≈≈≈≈≈≈≈≈≈≈≈≈≈≈≈≈≈≈

尽管科林的故事讲到 2002 年 9 月 Roomba 问世便戛然而止，但这是下一章 iRobot 故事的开始。布拉德有一份"后悔没有投资的公司"的清单，iRobot 名列榜首，因为 iRobot 现在已经成为一家市值约 5 亿美元的上市公司了。

布拉德是在麻省理工学院（MIT）认识科林的，他俩是好兄弟和好朋友。科林在 1990 年创立了 iRobot，可到 2002 年为止都在原地踏步。2002 年，他去布拉德位于科罗拉多州博尔德市郊埃尔多拉多斯普林斯（Eldorado Springs）

创意和愿景 主题 1

的家中拜访了布拉德。布拉德住在美丽的峡谷中，那天天气很好，他们花了一天时间畅谈有关 iRobot 公司、创业和投资人的话题。布拉德给了科林一些有关注资 iRobot 的建议，而且他内心深处也对投资 iRobot 公司的创意感到非常激动。不过当时他对机器人一无所知，而当他在周一的合伙人会议上向当时所在的风险投资机构（Mobius）的一位合伙人提及此事时，立马就被反驳了，因为"日本会打垮美国所有机器人公司的"。布拉德没有继续跟进，不过还是为 iRobot 获得投资并最终上市而感到高兴，但总会在私底下后悔自己当初没有鼓起勇气更进一步，参与 iRobot 的投资。在这件事情中，布拉德也在迭代——他意识到 iRobot 公司并不是一家真正的"机器人公司"，而按照 Foundry 集团（他现在工作的风险投资机构）的说法，iRobot 是一家"人机互动公司"，核心是他们开发的软件，尽管软件是在机械设备中开发出来的。虽然说 iRobot 在布拉德的"后悔没有投资的公司"清单上，但从这件事中，布拉德学到了不少经验教训、迭代，而且自认为不会再犯同样的错误了。

≈≈≈≈≈≈≈≈≈≈≈≈≈≈≈≈≈≈≈≈≈≈≈≈≈≈≈≈≈≈≈≈≈≈≈≈≈≈

快速失败

亚历克斯·怀特（Alex White）

亚历克斯是 Next Big Sound 公司的创始人及 CEO，这家公司提供在线音乐分析评价服务。在 2009 年完成 TechStars 加速计划之后，Next Big Sound 公司从 Foundry 集团、Alsop–Louie Partners 和 SoftTech VC 获得了共计 100 万美元的投资。

Photo by Rebecca Stern

在大学一年级结束以后，我去纽约市的环球唱片公司（Universal Records）实习，并产生一个创意。我打算开设一家网站，让每个人都有机会扮演唱片巨头，并将乐队签约到自己幻想的品牌旗下。在之后的三年时间里，我从未停止过思考这个创意，但几乎没对任何人提起。大四那年，我参加了创业课程，并组建了一支团队来实现这个创意。我们募集了种子资金，在夏末之际启动了公司，并回到了芝加哥，因为我的三位联合创始人还需要在西北大学完成最后一年的学业。我本打算在纽约市开始从事一份咨询工作，不过为了全心全意追求我的创业梦想，我放弃了这份工作。那一年，我在沙发上睡觉，走遍全国去协助管理一支乐队，并竭尽全力为我们羽翼未丰的公司注册了数以千计的艺人和用户。到次年春天，我们的事迹登上了《纽约时报》，还收到了一些小额的投资意向，很多牛人愿意来我们公司工作，而我们手头的资金只够支付每月的数据流量费用。这时，我们申请了加入 TechStars 加速计划。

我在这里告诉大家这些背景，只是为了说明我们在这个创意上的投入有多大。我觉得我们已经找到了所有的答案，而且能够应对面对的任何挑战。数百万的注册用户？我们能搞定；数千支尚未与唱片公司签约的乐队上传试听曲目？我们也会兑现。不过我认识到，即便我们实现了这些目标，我们业务的经济可行性还是不太明朗。

创意和愿景　主题 1

我们驱车千里，日夜兼程地从芝加哥赶到了博尔德参加头脑风暴。我们知道，对第一个网站所寄予的愿望还在激励着我们。乐队如何才能成名？乐队怎样才能从车库表演发展到在全国巡演？我们还知道，要拥有经营自己公司的自由、激情和机会，就需要找到财务上可行的东西。

在 TechStars 的第一天，我们就决定调整我们的创意。很多人都感到惊讶，不过决定就是这么简单。我们不想粉饰现状，不想再用参与人数和注册人数来麻痹自己了。通过流媒体音乐网站赚钱的挑战性已经不再能激励我们夜以继日、废寝忘食地工作了。

要告诉最新的投资人我们想放弃当初提出申请时的创意，这让我们感到紧张不安，直到听到大卫·科恩在第一天明确声明，TechStars 是投资创始人，而不是投资创始人的创意。这相当于给了我们明确的许可，可以放弃最初的创意，而不需要关闭公司炒自己鱿鱼。在 TechStars，我们得到了再次尝试的机会。

跟所有人一样，我们也听说过一些统计数据。我们知道，失败是任何创业公司很可能的结局。但是，正是在市场中的每一次迭代，让你拥有了更好的成功机会。如果不去尝试，你 100% 会错失机会。只有停止尝试，才算是真正的失败。所以说，快速失败、迅速学习，并重新开始。

≈≈≈≈≈≈≈≈≈≈≈≈≈≈≈≈≈≈≈≈≈≈≈≈≈≈≈≈≈≈≈≈≈≈≈≈≈

太多人仅仅从字面上去理解"快速失败"。其实它的本意不是说我们应该让创业尽快失败，而是说应该以乐观的心态去看待成功路上遇到的那些小坎坷，因为如果没有经历失败，就说明可能是尝试得还不够。

Next Big Sound 公司在快速失败方面做得非常棒。在来到 TechStars 的第二天，亚历克斯和他的合伙人就开始尝试一些新的创意了，而这些创意正是来源于他们对音乐行业和独立乐队的兴趣。在 TechStars 加速计划第一周即将结束之时，他们就开始认真打造他们的音乐分析产品的雏形了。

起初，他们以一种对乐队经理很有吸引力的方式来组织所追踪的数据，但结果是普通的最终用户很难找到乐队的信息。在一些用户使用了早期版本之后，他们不断收到反馈，认为他们应该将其用户界面构建得像 Compete 和 Quantcast 这样常用的网站分析产品一样，这样就可以从网站（而不是乐队评价和歌曲播放）收集类似数据。他们快速失败，放弃了最初的用户界面，并设计了现在使用的界面。

在那年夏天，亚历克斯和他的合伙人认真听取了所获得的所有反馈，尝试了很多不同的东西，并通过快速失败获得了持续成功。在投资人见面日那天，亚历克斯的演示精彩极了，而 Next Big Sound 在 2009 年的 TechStars 加速计划结束后也迅速完成了一轮风险投资的融资。

≈≈≈

创意和愿景 主题 1

适时终止

保罗·博贝恩（Paul Berberian）

保罗是一位连续创业者，他参与创立了五家公司，其中包括 2000 年上市并于 2006 年被 West 公司收购的 Raindance Communications。2007 年，保罗成为 TechStars 的创业导师。

2007 年，我创办了我的第五家公司。我的前三家公司都很成功，第四家也有了很好的开端。所以，我做了每位连续创业者都会做的事情——创办一家新公司。我有一个称为"Zenie Bottle"的创意，就是把漂亮的类似熔岩灯的可收藏的物件跟社交网站混搭在一起。但是，我在一年后就把这个项目停掉了。下面就是我在这件事上所犯的错误。

我构建公司的业务完全是跟着自己的感觉走，而没有去关注市场。我一开始的创意其实很简单，就是出售一些有收集乐趣的新奇小玩意儿。Zenie Bottle 是一种漂亮的玻璃瓶，里面装满了彩色的物质。当晃动瓶子时，就像有精灵在里面一样。但我觉得销售新奇小玩意儿并不是一个足够大的创意，于是在业务中又增加了一些元素，让它更复杂、更时髦。我附加上了社交网站混搭，让 Zenie Bottle 的拥有者可以在网站上获得一个虚拟的瓶子，他们可以将图片、音乐和视频放进瓶子里，并与朋友分享。我还用一个严肃网络视频的方式制作了一个精心编排的故事，讲述 Zenie Bottle 的起源，想让 Zenie Bottle 成为一种跨界的娱乐体验。听起来很复杂吧，确实如此。

在市场上获得成功之前，我花掉了不少钱。要追求成功，这是没问题的，不过千万不要像已经获得成功一样去花钱。在产品上线之前，我每个月烧的钱超过了 10 万美元。对有些公司来说这可能不算什么，但对新奇产品的公司却不合适。我添加的所有不必要的复杂功能，比如网站和系列视频，花了我们不少钱。我们

创业唯快不破

还没搞明白新奇产品概念有没有意义，就很快变成了一家娱乐公司，而不再是一家新奇产品公司了。

当时，我对自己正在做的事情羞于启齿。现在回想起来，那个创意其实很愚蠢，而且与我的性格不符。我告诉自己，如果我们取得了巨大成功，那么我会为自己的成就感到骄傲。不过这还不够，我要为我每一天每一分钟所做的事而感到自豪。

最终，我们因为规模太大而导致资金短缺。我们对自己的定位并不明确。我们是一家经营新奇产品的公司，还是一家混搭社交网站，抑或是一家娱乐公司呢？不，我们三样全是！在每个领域，都已经有其他人取得了成功。尽管将这三样结合起来看似可行，但要突破其他更专注的公司的重围，需要巨大无比的努力。我们曾希望能用四两拨千斤的手法来缔造一种时尚，结果尽管听起来还不错，但最终一切却成了镜中花水中月。

这里提到的每个错误，其实都是能够纠正的，但各种错误形成的集中火力将我们击倒了。我们很早就意识到了自己的错误，并决定最好是关门大吉，收回剩余的现金（大约是融资总额的 20%）返还给投资人，并将所有资产出售，而不是做垂死挣扎，试图将公司重塑成其他不同的样子。

≈≈≈≈≈≈≈≈≈≈≈≈≈≈≈≈≈≈≈≈≈≈≈≈≈≈≈≈≈≈≈≈≈≈

布拉德是 Zenie Bottle 的投资人之一，他还给保罗的第二家公司（Raindance）提供过种子资金。布拉德很喜欢与保罗共事，在保罗第一次提到 Zenie Bottle 时，布拉德虽然没太理解，但还是被这个想法逗乐了。当时保罗相当激动，因为布拉德当场就答应对这个项目进行天使投资。

不过当布拉德看到第一个产品原型后，就对保罗说了类似"我真没想到我投资了一家烟斗公司"这样的话。保罗没有理会布拉德的话，只是把他带到电脑前，向他展示了与即将建立的网站相关的所有酷炫的创意。

几个月之后，布拉德和保罗共进晚餐。保罗看起来情绪很低落，当布拉德问他为何闷闷不乐时，保罗坦言 Zenie Bottle 弄得他很尴尬。Zenie Bottle 根本卖不出去，没人真正在意这个产品，甚至连他自己也不清楚为什么要做这个产品了。布拉德和保罗一直聊到深夜，布拉德说了很多他之前就想到但没

主题 1
创意和愿景

好意思说出来的话，因为他看到保罗对这个创意热情满满。对布拉德来说，说点奉承话并支持一下他的朋友是种更轻松的做法。但对保罗来说，布拉德将他的真实想法和感觉说出来却更有价值。那晚，布拉德打开天窗说亮话，告诉保罗其实他从来就不是很清楚为什么保罗要做 Zenie Bottle 这个产品。

在这次共进晚餐之后约一周，保罗决定终止这个项目了。作为终止计划的一部分，他决定最好是把剩下的钱返还给他的投资人，而不是死撑到最后，并把投资人的钱在他自己都不再相信的一些事情上消耗殆尽。在保罗承认他对 Zenie Bottle 不再有激情后，他马上选择了终止。

在这里，终止就像是之前的"快速失败"，并不一定是说要关掉公司。要知道，保罗的第三家公司 Raindance Communications 最初是想提供互联网视频服务的。Raindance 成立于 1996 年，那时候离互联网视频遍地开花还有很长时间。保罗和他的合伙人募集到了一些初始资金，构建了数据中心，创立了互联网流媒体视频服务，并吸引了一些初始客户。在遭遇阻碍并意识到做一桩大买卖需要以非常不同的方式做很多事之前，他们很快就将公司的月收入做到了 20 万美元。他们对客户和市场动态感到灰心，因为当时对互联网视频的负面评价甚嚣尘上，让 Raindance 很难从与其他产品的混战中脱颖而出。

所以，他们选择了终止。他们从当时的位置退后了几步，并考虑了他们在这世界上能比别人都做得更好的事情。他们想将公司音频会议以某种方式融入互联网视频之中，于是开始了对音频会议技术的攻关。有一天他们认识到，在改变音频会议工作方式的方面可能会存在更大的机会。在那时候，音频会议还是一种奢侈品，需要操作员来人为干预，而且在互联网上不受控制。保罗和他的合伙人决定将他们本打算用于互联网视频服务的技术和数据中心基础设施利用起来，用于构建无须预约的会议服务。

在随后的几年里，Raindance Communication 成了一家价值 8 000 万美元的公司，它让音频会议变得寻常无奇而且成本低廉。他们还是网络协作市场的先行者，让公司上市，开始赢利，并最终被一家更大的公司收购。由于对 Raindance 原始业务的及时终止，保罗和他的合伙人最终创建了一家很有价值的公司。

2009 年夏天，保罗·博贝恩讲述 **Zenie Bottle** 的失败经历。

创意和愿景 主题 **1**

主题2　人

房地产界有一句名言："对地产来说，最重要的三个因素是地段、地段、地段。"在创业领域也有一句相似的话，那就是："对创业来说，最重要的三个因素是人、人、人。"

在 TechStars，所有的活动都始于人。我们之所以特意将 TechStars 描述为"导师制驱动的创业加速器"，是因为导师是一个让 TechStars 如此特别的基础构成部分。参与到 TechStars 加速计划中的那些创业者，也是同等重要的。我们觉得，如果他们缺少了彼此，就好像饼干缺少了牛奶，或是巧克力缺少了花生酱，或者……好吧，你明白我的意思。

人是多种多样的，有着很多不同的经历，也有着各种各样的观点。TechStars 的目标之一就是将初次创业的创业者展示给不同的人。作为一种特别奖励，我们还会让经验更丰富的导师看到与他们合作的那些创业者的新鲜观点。创业者和创业导师都参与其中，并双双受益。

在经历 TechStars 加速计划为期三个月的旅程之后，大家建立了终身不渝的友谊。这种友谊存于创业者之间、创业者和导师之间，也存在于导师和导师之间。人是每个社群的核心，TechStars 也不例外。

不要单打独斗

马克·奥沙利文（Mark O'Sullivan）

马克是 Vanilla 公司的创始人和 CEO，这家公司提供的论坛软件有超过 30 万个网站在使用。在 2009 年参加了 TechStars 的加速计划之后，Vanilla 公司获得了 50 万美元的投资。

在参加 TechStars 加速计划之前，Vanilla 的所有工作都是我凭一己之力完成的。尽管 Vanilla 社区的成员会帮助我构思功能和查找代码缺陷，但所有新的动作都是由我发起，所有事情最后拍板的人也都是我。如果我决定什么事情都不做，那就不会有任何事情能做成。当我初次与大卫·科恩交谈时，他立即指出了拥有至少一位创业合伙人的重要性。因为一个人单干的时间太长了，所以当时我还没有真正理解为什么他会觉得合伙人这么重要。我坚信，自己单干是没问题的，不过回想起来，我当时的想法真是大错特错。

当我着手寻找合伙人时，可供选择的人选非常有限。我需要一个我能信得过、有技能、能全心全意工作，并且能愉快合作的合伙人。这些要求一下子就将人选压缩到了两人。其中一人在西雅图的微软公司工作，而且刚刚在那边购置了房子，他不可能辞职然后去创建一家新公司；另一个是单身汉，有存款，而且他的一份咨询工作的合同即将到期。没错，我要做的就是尽我所能说服他。

十几年前，我在工作的第一家技术公司里认识了托德·伯里（Todd Burry），当时他是那家公司的网站开发部门负责人。托德第一眼见到我时就不喜欢我，因为我长得很像他高中时的仇人。尽管这样，我们还是很快成了朋友，而且在工作上紧密协作了多年。托德是一个非常聪明的人，他帮助我成了更为优秀的程序员。我后来离开了那家公司，又去了微软工作，并最终回到多伦多成为一名签约程序员。多年之后，我又和托德取得了联系，我们开始一起去接活，再次携手工作。

主题 2

人

我知道我们在一起能很好地合作，而且我对他的开发能力和商业头脑都绝对有信心。说白了，就是他比我聪明很多。

有人说股权切分的第一刀往往是最痛苦的，将 Vanilla 的股权切出去一半应该会让我很难受，不过事实并非如此。我和托德进行了多次长时间的电话沟通，还对 Vanilla 2 进行了代码审查，以便他了解详细情况，并将 TechStars 的大卫 科恩介绍给他，最终托德同意加入。

当 TechStars 加速计划开始后，我和托德每晚都会回到我们合住的地方，回顾当天的情况。那个初夏，我们都疲惫不堪，但我很高兴我们当时还未意识到以后会更加艰难。毕竟，无知者无畏。我已经数不清一天之中我会想起多少次："要是只有我一个人，肯定撑不过这一天！"到那年夏末的时候，我们几乎没有什么个人时间了——托德和我每周都工作七天，每天要工作 14 小时以上。

在 2009 年的 TechStars 加速计划中，只有一家公司是一位创业者独自创业的。这让我觉得十分心酸，要不是我找到托德加入 Vanilla，我也会和他一样，要独自一个人去面对前进路上的风风雨雨。而另一方面，我看到一家有着四位合伙人的公司不断取得突破，于是我就心想要是有第三个人加入 Vanilla 的创始团队就好了。

这并不是说我一个人单干就真的不行（我认为我能行），而是说单枪匹马就意味着要错过很多东西。我和托德能做好分工：如果有开发工作要完成，那么我们俩就可以由一人来完成开发工作，另一人去参加会议和演讲；如果我们俩都在参加会议，我知道他可以抓住那些我错过的东西，而我也可以抓住那些他错过的东西。我发现，拥有一位合伙人的真正价值就在于每天能有一个人一起回顾和分享各种思考，我们从参加 TechStars 加速计划开始就一直这样做。

创建一家公司真是一件难事，有太多的工作需要做，多到不知从哪里着手才好。有一个人来分忧解难、并肩战斗，并且在你低沉时给你鼓劲加油，真是难能可贵的。

≈≈≈≈≈≈≈≈≈≈≈≈≈≈≈≈≈≈≈≈≈≈≈≈≈≈≈≈≈≈≈≈≈≈≈≈≈≈≈

尽管也有一些单个创始人单打独斗创立公司的例子，不过那些最成功的科技公司大多至少是由两位合伙人创办的。比如谷歌（布林和佩奇）、雅虎（杨致远和费罗）、苹果（乔布斯和沃兹尼亚克）、英特尔（摩尔和诺伊斯）、惠普（休利特和帕卡德）等。布拉德的第一家公司菲尔德科技也是由两个人（布拉德和戴夫·吉尔克）创办的，大卫的第一家公司 Pinpoint 科技（创办公司的两个人都叫大卫，现在都有点混乱了）也不例外。尽管在谈到 TechStars 时，一般只提及大卫，不过其实它有四位合伙人——大卫、布拉德、大卫·布朗（就是大卫在 Pinpoint 科技的合伙人）和贾里德·波利斯。创业是项团队运动，不要单打独斗。

2009 年夏天的一个惊喜之夜，在红石露天剧场观看电影《上班一条虫》（*Office Space*）。

主题
2

人

避免联合创始人之间的冲突

德哈米斯·沙哈（Dharmesh Shah）

德哈米斯是 HubSpot 公司的创始人及 CEO，这家公司是集客式营销软件的提供商。另外，德哈米斯还是广受欢迎的 OnStartups 博客及社区的运营者，他从 2009 年起担任 TechStars 的创业导师。

创业失败，特别是在创业早期失败的一个常见原因，是联合创始人之间发生某种冲突，而联合创始人之间产生冲突的主要原因之一是对合伙关系的多个方面定义不当或产生曲解。为了将这种情况出现的概率降到最低，就需要联合创始人之间就一些关键问题达成某种协议。我已经将这些问题中最重要的部分做了总结，归纳成一套问题集。在合伙创业之前，联合创始人应该互相问一问这些问题。在这些问题中，有一些很难解决，而且随着时间的推移，这些问题将会变得更难解决。越早处理这些问题，创业公司的命运就会越好。

我们应该如何分配股权？ 尽管这个问题可能有很多不同的角度理解，不过最基础的问题其实很简单：每人应该占有公司百分之多少的份额？对如何达成公平的解决方案，不同流派具有不同的观点。长期以来，广受欢迎的做法就是所有创始人平分股份。或者，你也可以尝试用一些公式来计算，其中要使用到一大堆不同的参数，比如经验、市场价值、已有贡献和未来贡献预期等。不管如何分配，重要的是做出这个决定宜早不宜迟。

决策该如何制定？ 这通常是与股份比例挂钩的，不过也不一定。你持有的股份既可以是有投票权的，也可以是无投票权的。当然，你也可以设立董事会。这样一来，就需要决定哪些决策该由董事会制定，哪些不需要。通常来说，由董事会制定的决策主要涉及资本运营、管理层的聘用和解雇、股份发行（稀释）以及收购等方面。

如果某一位创始人离开公司该怎么办？ 尽管在设立公司的时候就谈这个话题似乎不大合适，但事实上并非如此。在任何创业公司的发展过程中，总有可能出现高潮和低谷，可能会出现一位或多位创始人不开心或者不想继续参与的情况。你应该尽早决定如何应对这种情况，越早决定越好，每位创始人至少是半理性的，并且都对参与公司的未来持乐观态度。公司最不愿看到的情况，就是某位创始人已不再为公司做事，却出于负罪感或其他说不清楚的原因还跟公司藕断丝连。更糟的情况是，你认为他根本不该拥有的股权他却不断索要。

联合创始人能否被解雇？能被谁解雇？因为什么原因被解雇？ 是的，确实是这样的，就算是联合创始人也能结束合作。很多人将在创业公司做一名股东与担任一个运营角色这两个概念混为一谈，这两件事情应该分开且独立考虑。公司应该建立一种机制，如果一位联合创始人确实不适合运营角色，那么就让他体面地离开那个岗位。这从来都不是一件令人高兴的事，但应该提前讨论清楚。

我们创业的个人目标是什么？ 尽管这会随着时间的推移而改变，不过这是有用的，至少让每位创始人大致了解彼此想从公司得到什么。如果有一位创始人希望建立一家公司能够永久地运营一项可持续发展的业务，而另一个则希望通过将公司出售给一家更大的公司来获得高回报，那么最好在创业初期就打开天窗说亮话，把这些问题谈清楚。

这是否将是每位创始人的首要工作？ 联合创始人之间的冲突，可能源于对每个人投入程度的误解。是否有某位创始人还有另外一份全职工作，直到公司走上正轨？是否有某位创始人还在忙一些副业？在什么情况下，有人会决定他们再不能把所有时间都投入到公司里？例如，创始人是否必须保证半年时间不领薪水。

创业计划中的哪些部分是所有人都不愿修改的？ 并非所有创业公司在前行的路上都需要改变计划，只有那些想生存下来并想要获得成功的公司才需要！不过，创业计划中总有一些因素是你不想改变的，可能跟正在打造的产品或要面向的市场有关。例如，如果某位创始人特别希望创建一家广为人知的 2C（面向消费者）的软件公司，那么要将产品转换为更多 2B（面向企业）的模式，就可能会形成摩擦。

每位创始人与公司要签订怎样的协议条款？ 最好的一个例子就是"竞业禁止协议"。除了股东协议外，每位联合创始人是否还要与公司签署某种协议？如果是，这种协议要包含哪些条款？至少，所有创始人应该同意将自己开发的任何东西都

主题 2 人

归属于公司。

创始人之中是否有人愿意给公司投入现金？ 如果是，那么该如何处理这种情况？很可能有一位或多位创始人在公司发展的早期投入一些现金。预先决定如何处理这些现金投入是至关重要的。这算是公司的债务吗？还是可转换债权？或者算作认购了不同类别的股份？如果公司完成了后续融资，这又将如何处理？

创始人的薪酬如何安排？ 以后谁来修改这种安排？这可能是一个敏感的话题。每个人的风险承受能力各异，因此最好将这个因素考虑到"创始人补偿计划"之中。不过，如果某位创始人给公司投入了大量现金，这个问题就可能变得很复杂。

公司的融资计划是怎样的？ 公司会自给自足、自力更生吗？或者寻求天使投资？进行风险资本的融资？如果这些都做不到，结果会如何？

尽管我敢肯定，还有一些问题也会导致联合创始人之间的冲突，不过如果在创业初期就能注意到上述问题，就会大大减少团队之间产生误解和内部矛盾的可能。

≈≈≈≈≈≈≈≈≈≈≈≈≈≈≈≈≈≈≈≈≈≈≈≈≈≈≈≈≈≈≈

在每个 TechStars 加速计划的最初几天，我们都会告诉这十个激情四溢的新团队，他们当中将有一个团队会在计划结束后分道扬镳。不幸的是，我们这句话每次都会应验。

一次又一次，我们看到创业团队出现问题，尤其是那些由初次创业的创业者组成的团队。第一天，每个人都激动万分、热情洋溢，都想着创造一些新奇的东西。而几个月之后，就开始有一位或多位创始人因为不可调和的分歧而退出团队。

导致这种状况的最大原因之一，就是没有解决德哈米斯提到的那些问题。谈论创意、愿景和产品是很容易的事情，但是谈论股权分配、维持运营所需要的每月开支、个人压力等问题就很难了。如果再谈论对合伙人的疑虑或公司发展路线的疑虑，那就更难了。

如果你认为自己在后续过程中会有很多起伏，那么最好在第一个月就花点时间来处理这些问题，为公司以后的发展定下一个基调。当出现一些重大问题时，创始人应该愿意并且能够开诚布公地讨论这些问题，以求能迅速就如何解决这些问题达成共识。

≈≈≈≈≈≈≈≈≈≈≈≈≈≈≈≈≈≈≈≈≈≈≈≈≈≈≈≈≈≈≈

聘用比自己优秀的人

威尔·赫尔曼（Will Herman）

威尔是一位天使投资人，也是一位创业者。他是 TechStars 波士顿分部的联合创始人，并在 2009 年成为 TechStars 的创业导师。

> 如果我们每个人都只聘用那些不如自己的人，我们就会变成一家弱小的公司。但如果我们每个人都聘用那些比自己强大的人，我们将成为一家伟大的公司。
>
> ——大卫·奥格威（David Oglivy）

你拼命工作，取得了一些成绩，并决定是时候扩大自己的团队了。令人惊讶的是，这却成了创业公司面临的最困难任务之一。有些公司太着急，都还没有制定长远规划，就迫不及待地聘用了自己遇到的第一位牛人。而另一些公司则一直痛苦地等待，直到他们找到那些既符合他们既定标准又能点石成金的人。这两种都是常见的错误，但严重程度都远比不上创业者在招聘时会犯的最大错误——聘用那些能力不如他们自己的人。

有一句古老的格言："高人雇高人，常人雇庸人。"这里是说，那些才华卓越的人更愿意跟那些能力与他们相近或比他们更强的人待在一起，而普通（和弱小）的人则经常想避免将他们的弱点暴露出来，也不希望他们的努力和能力受到挑战。因此，他们通常都会聘用那些不会威胁到他们的人。

尽管这种情况经常出现，但核心不在此。不一定非得自己是一位高人，才能聘用高人。一个人只是必须对成功有渴望，要有整体计划，还要有自信去聘用那些比自己更强的人。事实上，就算高手在招聘别人的时候也是如此，他们也应寻找比他们还强的人，即超级高手。

下面几条就是你需要聘用比自己更强的人的理由。

- 可以向那些更强的、知道得更多的或有过相关经验的人学习。跟他们学习完全是一个很棒的过程，为什么不彻底尽兴呢？

- 那些拥有你不具备的能力的人，每天都会促使你不断发展、扩展和提高自己的技能。

- 优秀的团队要比庸人组成的团队前进的速度要快得多，因为强者能够互相促进。你肯定希望自己的公司能更快地发展，对吧？在创业时，时间总是与你作对。

- 知识呈指数级增长。你的团队了解得越多，那么他们可以学习并最终领会到的也就越多。

- 更强的人更易于管理，而且更具自主性。你是想把时间花在带领公司发展上，还是花在管理鸡毛蒜皮的小事上呢？

假如你是一名主要依赖个人能力的运动员，比如赛跑选手、自行车手、网球运动员或高尔夫球手，你愿意与那些能力不如自己的人一同训练吗？如果这样做，你能取得进步吗？当然不会。只有接受那些比自己强的人的挑战，并向他们学习，你才会变得更强。

聘用那些能力比自己强的人，可能会让你担忧。他们会不会让你难堪？他们会不会让你对自己在做的事情感觉糟糕？别人会不会认为他们比你更能胜任你的工作？答案很简单：不会。

聘用那些能力比自己强的人，能为你带来积极的影响。这是管理公司的基本技能之一，无论是一家创业公司还是一家国际化集团。你越是善于聘用比自己更强的人才，就越会被视为一位领导和管理者。此外，要记住自己是创业者。你每天都会展示出自己强大的领导能力、疯狂的工作习惯和狂热的动力，这些特质是不会被轻易夺走的。最后还要这样想：当组织取得成功时，你会被当成英雄看待，因为这是你通过打造最优秀的团队而取得的成功。

每个人都有想要一直隐藏的不安全感，而很多创业者会担心那些比他们强的人会促使他们暴露弱点。你应该打破这种思维。聘用强人不仅能让你和你的认识能力变得更强，而且会让你的整个团队变得更强，并极大地提高你获得成功的机会。

≈≈≈≈≈≈≈≈≈≈≈≈≈≈≈≈≈≈≈≈≈≈≈≈≈

这是初次创业者最难学会并做好的事情之一。除创始人之外，最初的一批雇员会确定公司发展的基调。如果他们很出色，那么公司将会有一个良好的开端。不过，如果有一个人不够出色，就可能会拖累整个团队。

这是杰出导师能帮上大忙的又一个领域。在 TechStars，我们鼓励所有创业者借助导师来帮助他们招募和筛选新员工。很多情况下，导师对创业者的长处和弱点有更好的了解，能帮助他们更有效地评估新员工。除此之外，导师通常还有着丰富的招聘经验，他们的评估技能和流程更加完善一些。

尽可能为团队招募最好的成员，会让公司的成功变得大不同。别忘了利用所有可用的资源来帮助你做到这一点，尤其是经验丰富的导师。

≈≈≈≈≈≈≈≈≈≈≈≈≈≈≈≈≈≈≈≈≈≈≈≈≈

主题
2

人

招人要慢，开人要快

马特·布隆伯格（Matt Blumberg）

马特是 Return Path 公司的创始人及 CEO，这家公司提供电子邮件投递服务。2009 年，马特成为 TechStars 的创业导师。

对软件及服务公司来说，人就是一切。人的因素不仅仅是排在首位，还要排在首位、第二位以及第三位。公司越是处于发展的早期阶段，每一位新进入人员的作用就越关键。想一想，如果你的公司已经有了 10 位员工，而你正在招一位新人，那么立刻就增加了 9% 的人手。这时你所招聘的人还很可能会对公司发展的基因产生重要影响，因为即便基因主要由意志坚强的创始人决定，但在公司最初的几年还处于形成之中。

当创业公司决定需要招聘一位新员工时，就希望第一时间跟他们签约。而当新员工上岗之后，就算他们不大管用，创业公司也可能不大舍得让他们离职，因为公司觉得非常需要这些人。这就形成了你在构建团队的过程中需要避免的两重相互关联的诱惑。

诱惑 1：招人太快。在空缺职位上迅速填补一个人手，这并不算是完成了工作。当你在如此大比例地招聘人手时，就必须有超高的成功率。在 Return Path 公司，我们有时宁可让一些关键职位空缺几个月，也要在申请者中不断筛选，找到"最合适的人"。就算职位空缺令我们跛足前行很痛苦，花时间去招聘那些完全合适的人也总是正确的决定。

据说，对那些知识型工作而言，最优秀员工的生产力和影响力是普通员工的 10 倍。那么为什么不去招聘那些最优秀的员工呢？

诱惑 2：解聘太慢。每个人都听说过这样的比喻：不好的员工就像组织中的毒瘤——他们的糟糕表现或态度会在组织中蔓延，为了保护组织的其他部分，就需要尽快将他们切除。在这个比喻的基础之上，我一直说招聘一位新人，尤其是在公司的早期阶段招聘新人，就像是器官移植。即便你觉得配型成功了，也要看看身体是接受还是排斥这次移植，而且你很快就会知道结果。

在 Return Path 公司，我们总会对每位新加入或新晋升的员工进行为期 90 天、360 度的全方位表现审查，而且丝毫不为将那些在新职位上工作了 90 天却毫无作为的人调离岗位感到遗憾。尽管解聘那些碌碌无为的新员工让人感受不好，不过尽快决断总是会更好一些，然后重新招聘。因为"培养这个人"很可能要比重新招一个更好的人更加费时费力，尤其是对创业者来说，时间是你最宝贵的资源。

这条建议适用于新招聘的各种层次员工，招聘的人越高端，我就越强调这个观点。为自己的创业公司招聘尽可能优秀的团队吧，即使这会花掉比你预想更多的时间。

≈≈≈≈≈≈≈≈≈≈≈≈≈≈≈≈≈≈≈≈≈≈≈≈≈≈≈≈≈≈≈≈≈≈≈

布拉德仍然记得第一个被他解聘的人，而且那是他花了太长的时间才去做的事。他的第一家公司菲尔德科技的员工发展到了 12 个人，其中有一些人自愿离开了公司，但从来没人被解雇过。菲尔德科技是一个有凝聚力的团队，除了一人之外。

从一开始，这个人就与公司格格不入。其他人都在关心工作质量，而她不是；人们都会加班完成工作，而她不会；大家彼此互相尊重而且尊重客户，她却在别人背后拿别人取乐；大家会一起去吃午饭，通常还喜欢一起休闲娱乐，她则会与她自己在其他公司的朋友一起吃午饭，从不参加同事聚会；当有人需要帮助时，其他人都积极相助，只有她自己躲在一旁；最重要的是，其他人都似乎很喜欢自己所做的事，即便这些工作的挑战性很大，而她只是把这当成一份工作，只会做分内需要完成的最少的事。

有几个月的时间，布拉德和他的合伙人对此苦恼不已。他们试着去帮助这个人，为她的表现找借口开脱，还把这种情况归结为"事情本就是这样的"。在内心深处，他们其实知道这个人无可救药了，却又不愿意采取行动。在此期间，布拉德还与大约 60 位 40 岁以下的创业者一起参加了名为"巨头诞生"（Birthing of Giants）的周末进修班。在他与他的新伙伴谈论这个问题时，几乎

主题 2

人

得到了一致的回应："周一就炒了她。"反馈相当明确，而且这些新伙伴很多都是比他有经验得多的创业者（那时布拉德才 23 岁，算是最年轻的人之一）。

当布拉德从进修班回来之后，他和合伙人谈了这件事，他们决定下周一的第一件事就是解雇她。布拉德还记得自己整个周末都辗转反侧，怕与她相见。他很早就起床了，7 点钟到了办公室，准备说这件事。而到了 10 点，她都还没有出现。快到午饭的时间，布拉德接到电话，她和朋友周末出去旅行了，现在还没回来，要周二才能来公司。

到了周二，在经历了又一个难以入眠的夜晚后，布拉德再一次 7 点左右就到了办公室。这一次她终于在 9 点半左右出现了。布拉德来到她的办公室，与她正面交锋：他告诉她事情不能再这样下去了，他决定让她离开公司。她看起来一点都不惊讶，花了点时间收拾了自己的东西，说了再见就开门走了。很显然，她以前也被解雇过。

接着布拉德召开了一次公司会议，这是他以前从未做过的，因为那时他并不相信公司会议。剩下的 11 人齐聚在会议桌的周围，布拉德紧张地宣布了他所做的事情。这引起了片刻的沉默，很快菲尔德科技公司最聪明也最风趣的一位软件工程师问道："那她的椅子能给我坐吗？"沉默被打破了。不出意料，每个人都知道这个人无所作为，都在看着布拉德和他的合伙人最终是否以及什么时候会解雇她。

那一天，让布拉德和他的公司都变得好了很多。

如果你能放弃，就该放弃

劳拉·菲顿（Laura Fitton）

劳拉是 Twitter 应用市场 oneforty 的创始人及 CEO，同时也是《Twitter 傻瓜入门》（*Twitter For Dummies*）一书的作者。在 2009 年完成 TechStars 加速计划后，oneforty 从 Flybridge 资本那里获得了 235 万美元的投资。

我承认，我一心都扑在我的公司上了。

我在创办 oneforty 时，只是一位毫无技术管理背景的 38 岁单亲妈妈，之前我从没有开发过软件。事实上，我真觉得自己完全没资格去抓住这个机会，于是给我觉得能帮我创建公司的人打电话。我就是想看到公司的诞生，我认为最好的方式就是招募别人来实现我的愿景，这样我就可以担任公司的顾问。

我有两个年幼、可爱的孩子，这是两个合理的解释为什么创立一家公司对我来说是一个糟糕主意的借口。我没有联合创始人，我知道有合伙人会比单干强。我试过放弃我的创意，让另外一个团队来实现它。如果这种尝试失败了，我就放弃。好吧，至少我试着放弃过。

我又花了四个月时间，尝试用新办法来放弃这个创意。因为不想亲自去做，我一直在尝试找人来做。不过不管我怎么努力尝试，都没有办法放弃。

我想告诉其他创业者的是，必须对自己的创意非常执着，让自己真的没法放弃。可能在整个创业过程中，你有无数次产生放弃的念头。如果真打算放弃，那么宜早不宜迟。如果你能放弃，那么就应该放弃。

即便你真的很在意自己的创业想法，无论如何现在就尝试着去放弃。如果你能放弃，那么就放弃吧。在我的例子中，我对创立 oneforty 的创意是魂牵梦绕的，因此我完全没办法放弃，我只能守得云开见月明。

主题
2
人

如果你不论如何努力尝试都无法放弃的话，那么你就有机会取得成功。

～～～～～～～～～～～～～～～～～～～～～～～～～～～～～～～～

　　优秀的创业者就像自然的力量，他们是不可阻挡的。劳拉就完全符合这
种描述。布拉德第一次见到她是在几年前的 Defrag 大会上。每个人都知道
@pistacio 是谁，她不停地谈论可以用 Twitter 做到的那些不可思议的事。尽管
在今天看来这并不是什么大话题，但在当时 Twitter 其实只有少量的技术人员
使用，而且"社会化媒体营销"的说法也还没有出现。

　　劳拉一直坚持做自己的事。当她申请参加 TechStars 加速计划时，她只是
一位独立创业者。我们告诉她，作为独立创业者，她成功的机会很小。她并
不在乎，她说她会找到解决办法的。她没有技术合伙人，但她告诉我们这不
是问题，她很快就会招到一位。说到这个份上，我们已经没办法拒绝劳拉了，
她跟定我们了。现在，她拥有了优秀的团队、强大的投资人，而且为 oneforty
开了一个好头。她没放弃真的是太对了。

2009 年夏天，劳拉·菲顿和 oneforty 团队在 TechStars 波士顿分部。

～～～～～～～～～～～～～～～～～～～～～～～～～～～～～～～～

打造均衡的团队

亚历克斯·怀特

亚历克斯是 Next Big Sound 公司的创始人及 CEO，这家公司提供在线音乐分析评价服务。在 2009 年完成 TechStars 加速计划之后，Next Big Sound 公司从 Foundry 集团、Alsop-Louie Partners 和 SoftTech VC 获得了共计 100 万美元的投资。

我希望自己擅长编程，但我做不到。如果我愿意花时间，可能会做得挺好的，但我一点儿都不喜欢编程。实际上，在 Next Big Sound 公司，我主要处理业务方面的事情。在进入 TechStars 之前，我总是觉得自己周围有很多怀揣伟大创意、却又无法实现的真正聪明人。

从我的经验来看，技术创业者和非技术创业者之间的沟通互动通常很少。当我出现在 TechStars 时，我发现情况完全变了，我是 30 位创始人之中最不合格的开发者之一。他们把我给包围了！

我觉得，在公司创业的最初阶段，有一位以上的非技术联合创始人是愚蠢的做法。举例来说，设想一个非技术的小生意，比如汽修厂、三明治店或裁缝店。一方面要有能赚钱的实际产品或服务，比如修理发动机、制作三明治或缝衣服；另一方面则要去做那些妨碍赚钱却仍然需要完成的其他所有事情，比如租车库、保持柜台清洁以及采购针线及其他物资。

作为一位非技术联合人，我将自己在团队中的角色定位为负责所有非技术的工作，要做的事情包括租用办公空间、融资、支付账单，以及安排日程、午餐和旅行。在我们所在的特定行业，我也有一些人脉，并了解一些专业知识，所以我也全力确保我们所做的事情都是有价值的。另外，我还销售我们开发出的产品。

我觉得在最健康的创业公司，重要职能领域应该有所重叠。我的联合创始人

主题 2 人

大卫·霍夫曼和萨米尔·雷亚尼（Samir Rayani）不必花时间帮我构建薪资体系，也不必处理来自律师的问题，因为他们在我负责的事情上花费的每一分钟都完全是浪费时间。但是，有些事情我希望他们能够参与，比如与早期客户的会面、处理来自用户的直接反馈以及与高层次的投资人会面，因为他们在这些活动中可以产生独特且有价值的贡献。

　　找到一位与自己能力互补的联合创始人是一件难事，我相信这里面还涉及很大的运气成分。Next Big Sound 网站第一版的想法在我脑子里装了三年时间，直到找到我的联合创始人，他才将创意变成现实。在我看来，程序员和商人是活在不同的世界里的人。我不敢想象那些和我共事的人整个下午都盯着代码，而他们也不敢想象我整个星期都在不停地打电话，反复说着似乎是相同的话。

　　我们团队的真正神奇之处在于，我们已经成长为相互重叠且互为补充的角色。我们有幸齐聚一堂，在一起努力工作互相配合，定期谈论我们的时间花在哪里了，我们的努力是有效重叠了还是浪费了。尽管我们并不总是能达到完美的平衡，但我们一直在朝着这个方向努力，并在不断地变得更好。

≈≈≈≈≈≈≈≈≈≈≈≈≈≈≈≈≈≈≈≈≈≈≈≈≈≈≈≈≈≈≈≈≈≈

　　在 TechStars 观察了亚历克斯一整个夏天，我们发现他有着很多微妙而少见的领袖气质，其中之一便是他知道如何与他的技术团队保持距离。他对他的技术团队有着毫无保留的信任，因此从没有过分管理他们，而且还会花大量的时间为技术团队扫清障碍，让他们可以更有效率地工作，从而让团队更均衡。

　　有时候，亚历克斯真是将这些工作做到了极致。在 2009 年夏天 Next Big Sound 参加 TechStars 加速计划时，那些创始人都是住在一起的。在还没有产品要销售、没有客户要处理时，亚历克斯就一直处理着很多细节上的事，比如支付租金、进行维修、购买食物以及将爱闲聊的访客带离办公室等。尽管这些一般不是 CEO 的职责，但亚历克斯觉得在 TechStars 期间，对他的联合创始人来说，写代码要比处理这些琐碎的事重要得多。

　　一方面，亚历克斯为他的技术联合创始人创造了好的工作条件；另一方面，他的技术联合创始人也学会了信任他，把很多可能会浪费他们时间的事情放心地交给亚历克斯处理。

≈≈≈≈≈≈≈≈≈≈≈≈≈≈≈≈≈≈≈≈≈≈≈≈≈≈≈≈≈≈≈≈≈≈

创业公司要寻找朋友

迈卡·鲍德温（Micah Baldwin）

迈卡是 Graphic.ly 的 CEO。Graphic.ly 是为漫画书出版商和书迷服务的社会化数字分发平台。迈卡从 2007 年起成为 TechStars 的创业导师，并在 2009 年 Graphic.ly 参加 TechStars 加速计划之后加入到 Graphic.ly。之后，这家公司从 DFJ Mercury、Starz 传媒和克里斯·萨卡以及其他人那里获得了 120 万美元的投资。

Photo Courtesy of Renee Blodgett, MagicSauceMedia.com

销售人员卖东西，那是他们的职责所在。你看过舞台剧（或电影）《拜金一族》（*Glengarry Glen Ross*）吗？销售人员卖东西。想要粉色的凯迪拉克吗？卖掉它。想要销量领先吗？卖掉它。卖不出去怎么办？你被炒鱿鱼了。真的就这么简单。

在销售过程中，其焦点就是让销售人员获胜。销售人员不会用任何其他方式思考，因为他们生活的唯一目标就是卖东西。对一位销售人员来说，客户存在的唯一理由就是购买。尽管对关系的重要性有大量的讨论，但关系的唯一重要之处就是可以让销售人员可以持续卖东西。这不是什么罪恶，这就是这一行的游戏规则。

但是，早期创业公司并非如此。销售并不是最重要的事。处于早期阶段的创业公司，关系在其中主导一切。为什么？因为创业公司会把很多事情搞得一团糟，如果你拥有牢固的关系，那么对失败的容忍度就会比较大。

以 Lijit Networks 公司为例，这是我在担任 Graphic.ly 的 CEO 之前工作的最后一家创业公司。Lijit 提供一个用于发布内容的搜索小插件，这个插件为个人网站聚集社会化内容，并为出版商网络汇集多站点内容，然后将这些内容变成可搜索的。在公司创立早期，我们引入了出版商网络，结果我们网页的月浏览量增加到了原来的三倍。尽管我们购买的硬件和编写的代码都不错，但额外的网页浏览量使我们的搜索速度变慢，而且在某些情况下会大幅减慢。不过，因为我们当

主题 2 人

时与 1 000 家出版商保持着稳固的关系，他们坚定地支持我们，包括新加入我们的出版商网络也是如此。结果，没有一位客户卸载我们的服务。

我们是如何做到这些的呢？因为我们与行业领域中的所有成员都建立了关系。这并不需要花太大力气，有时发一封电子邮件，有时发一条 tweet，定时更新我们的服务有什么新情况。甚至，我们最新的客户还与我们一起想办法降低系统的压力。我们不断努力，并与出版商建立了更加稳固的关系。

最近，我们又引入了一家新的出版商网络，一下子让流量翻了四倍。在这种情况下，并没有出现冲击，甚至连波动都没有，一切都运行平稳。我们是怎样引入这家新出版商网络的呢？是之前的那位客户——也就是曾经让我们的网页访问量变成原来的三倍的那家出版网络——推荐给我们的！

当双方建立起具有真正价值的双向关系时，合作双方互相学习和共同成长的能力就会急剧倍增。

销售人员追逐粉色的凯迪拉克，而创业公司则寻找朋友。

~~~~~~

很多初次创业者都害怕销售工作。有些创业者拥有销售背景，并能将每件事都视作一次潜在的销售机会。迈卡声称"创业公司要寻找朋友"的说法，其实是在创业背景下对销售的一种重要且独特的观点。

如果你是一位害怕销售工作或者不喜欢销售工作的创业者，那么要认识到，你公司一开始的目标并不是出售产品，而是去交朋友。你可以试着去寻找尽可能多愿意与你公司做朋友的人，他们关注你公司正在做的事情，并愿意帮助你。在你拥有任何可以销售的东西之前，你要提前很久去结交一大批新朋友，他们时刻都准备着并乐于帮助你获得成功。

如果你是一位天生的销售人员，也要认识到，在公司发展的初期，除了你的愿景以外，你真的没什么可以销售的。人们不大可能为你的愿景买单，不过如果他们能被你的愿景打动，那么就会成为你的朋友，并愿意花时间跟你在一起。

首先聚焦在交朋友上，然后记得以对待朋友的方式对待他们，以后你追逐粉色凯迪拉克的时间还多着呢！

~~~~~~

与杰出的导师合作

艾米丽·奥尔森（Emily Olson）

艾米丽是 Foodzie 的联合创始人。Foodzie 是一家网上市场，顾客可以在市场中发掘并直接购买小作坊生产的食品。在参加了 2008 年的 TechStars 加速计划后，Foodzie 从首轮资本（First Round Capital）、SoftTech VC、蒂姆·费里斯（Tim Ferriss）及其他一些天使投资人那里获得了 100 万美元的投资。

创办一家公司是我这一生中做过的最艰难的事。这就像每天都参加一场期末考试，题型全是论述题，而且主题都是我从来没有学过的。当然这就是大多数创业者所要面对的现实。现在想象一下，你去参加同样的考试，但题型是多项选择题，而且你旁边还坐着一位参加过同样考试的人，他会告诉你答案可能是"A"或"B"。获得一位杰出导师相助，就会让创业变得简单很多。

当我与 Foodie 的联合创始人罗布·拉法维（Rob LaFave）和尼克·鲍曼（Nik Bauman）一起到达 TechStars 时，我们不断与任何愿意跟我们交谈的导师见面。在 TechStars 的最初一段时间，我们只是忙着跟导师会面。后来我们意识到，尽管需要跟导师建立紧密关系，但我们还需要运营公司。

导师应该与你的公司匹配，这意味着在任何特定时间你都应该只与少数几位导师合作，他们的经验应该符合你当时所面临的挑战。我们发现，在寻找合适导师的时候，需求越具体越好。就如我们一开始规划商业模式时，就是与一位定价策略专家合作，他帮我们避免了一个后续很难纠正的业余错误。随着团队的成长以及业务的发展，我们又与一位技术导师合作，他对我们的招聘流程给予了很大帮助。他不仅指导我们最佳的操作模式，还亲自帮我们对应聘者进行技术面试。那些应聘者的经验比我们丰富，只靠我们自己无法对他们进行评估。

主题 2
人

当然，你也许可以凭经验猜测，然后在实践中检验，或是通过阅读书籍来了解一部分东西。不过一旦按照书上说的做了，你是无法回过头来跟书本分享书中的建议应用到业务上的效果如何、哪些建议有用、哪些建议是彻底失败的。而导师喜欢这部分工作，因为这就像一条双向的街道——导师一方面可以了解你从自己的经历中学到了什么，另一方面他们自己也可以学到新东西。

对于创业公司，导师参与其中的原因多种多样。他们可能是对你想进入的市场充满热情，可能想成为你公司的一位正式顾问或早期投资人，或者可能他们就是一些疯狂的创业者，痴迷于创业环境，沉醉于与热情洋溢、思维创新而且聪明机智的创业者打交道。不管他们的动机是什么，你都应该搞清楚状况，并尽可能满足导师的心理需求，就如同他们的工作就是给你提供好建议一样。

要管理好双方的这种关系，其中一项工作内容是搞清楚如何与导师进行最佳的沟通。我们已经尝试过不少方法，事实证明需要针对每位导师单独量体裁衣。我们尝试过每周发送电子邮件，设置一个每天和每周更新的私人博客，在电话中交流或是面对面一起工作。不同的人有不同的需要，要灵活对待，调整到满足导师的需求。

在与导师共事时，请确保自己一直都将事情做圆满。与导师就某个特定主题进行的初步讨论，就像是某个精彩故事的开头。接着，就得保证一直让他们详细了解所有的状况，你如何采纳他们的建议，以及你得出了什么结论或决议。听不到故事的结尾是让人很不爽的，如果你们不为事情画上一个句号，导师就会有这种感觉。

很多时候，我早上醒来想的第一件事是搞不清我正在做什么。毫不奇怪，统计显示十家创业公司有九家会失败。对于 10%的成功公司来说，我良好的直觉认为，牢固的导师关系是其成功的秘诀之一。

≈≈≈≈≈≈≈≈≈≈≈≈≈≈≈≈≈≈≈≈≈≈≈≈≈≈≈≈≈≈≈≈

在 TechStars 的历史上，可能没有哪个团队能像 Foodzie 那样与他们的导师合作得那么好。几年之后，艾米丽和她在 Foodzie 的那帮伙伴仍然在很好地利用着他们身边那些经验丰富的人们。当你试着去帮助 Foodzie 时，根本不会觉得自己是在浪费时间。他们总是让你觉得，他们对你的反馈和想法都进行了深入思考。他们不一定总是采纳建议（这也是很明智的），不过总是会认真考虑这些建议，并对这些建议做出回应。

在 Foodzie 完成 TechStars 加速计划约一年后，大卫给他们提了一个"绝佳"的建议。他觉得他们应该给当地的企业赠送一些装有 Foodzie 产品的礼品篮，并将其视为一种营销支出。大卫认为，重复订单可以为 Foodzie 保留一些长期客户。鲍勃和艾米丽认真考虑了这个想法，并进行了几个快速而糟糕的实验。他们很快就回应了大卫，告诉他这事情他们不会做，因为早期测试让他们相信这样做不会达到预期效果。主要问题是，那些收到礼物的人只是吃掉了里面的东西而已！Foodzie 在对建议的回应上做得很漂亮，大卫和 Foodzie 都从这个过程中学到了一些东西。

2008 年，艾米丽·奥尔森和 Foodzie 团队在 TechStars。

定义公司文化

格雷格·戈特斯曼（Greg Gottesman）

格雷格是 Madrona 创投的董事总经理。他是
TechStars 西雅图分部的联合创始人，同时也是加
速计划的导师。

Photo by Randy Stewart, blog.stewtopia.com

在过去的十年里，我一直确信，决定创业成功的三个最重要因素是团队、产品或服务以及市场（时机、规模等）。一位 A+级的创业者、拥有一个新产品或服务的伟大创意、在合适的时间，以 Twitter 宣传苏珊大妈的速度行事，那么你即将刮起一股成功的旋风。

最近，我在"必备"清单里增加入了一项因素——合适的创业公司文化。换句话说，一家拥有超级巨星团队、杀手级产品和完美市场机会的创业公司，如果加入一剂糟糕的文化，那么结果基本就是被上千种背后的攻击弄死。

优秀的创业公司文化包含哪些要素呢？

大法官波特·斯图尔特（Potter Stewart）的名言"我看到了，就知道"[⊖]的标准看似特别适合用在这里，但没有什么可行性。

曾经，我尝试着去定义一家优秀创业公司文化的各项特征。本来只想列出前10 项，最终却写出了 13 项（因为在生活中，很难抵御免费甜甜圈的诱惑）。

（1）不搞政治。在优秀的创业公司文化中，每个人都应该给予其他人信任。对于一些想法的判断，来自各种因素，而非由谁提出来。大家都感到很舒服，因为他们会得到他们应得的。在那些普通的创业公司文化中，每个人都想着让别人知道他\她都做过些什么，甚至即便他\她根本就没做过。

⊖ "I know it when I see it"，这句话的意思是"我看到了，就能知道这家公司的文化如何"，
即创业公司的文化如何，需要自己去感受一下。——译者注

（2）**这不是一项工作，而是一种使命**。Redfin 公司的 CEO 格伦·科尔曼（Glenn Kelman）就喜欢谈论，一旦你认识到自己正在做的事不是非做不可的，就会非常振奋人心。优秀的创业公司文化是由这样的人创造出来的：他们本可以去做数百种其他的事情，但却一心扑在公司正在打造的特定产品或服务上。这样的文化往往是围绕一种信念形成的，即相信公司正在做一些很重要的事。

（3）**不能容忍平庸**。优秀的创业公司文化对优秀的人员会在精神上给予回报，而且会让那些干不好本职工作的人彻底害怕。优秀的创业公司文化会拒绝那些达不到高水准的人，而不是让整个公司表现出最低的普通水准。那些留下来的人，会发现他周围的同事都和他们一样优秀，或是比他们还要优秀。

（4）**花好每一分钱**。优秀的创业公司文化会让每一分钱都花在合适的地方。要谨慎看待公司的支出，就像战时的后方那样。亚马逊公司用门板当办公桌的优良传统并不是因为它更便宜（可能根本就不便宜），而是倡导了一种心态，即亚马逊公司不会在时髦家具上浪费钱。Intrepid 学习方案公司在成立之初，曾经设置过"零碎奖"，用来奖励那些在省钱方面表现出超人能力的员工。公司的 CEO 就拿过这个奖，因为她租了一辆 U-Haul 租车公司的货车，自己开车从当地一家要搬走的公司那里运回一张免费的会议桌。在优秀的创业公司文化中，成本意识很棒，而且有着很强的感染力。

（5）**股权驱动**。优秀的创业公司文化会形成这样一种感觉，公司的所有人都在做着某种重要的事，都在打造一家有长期价值的企业。员工希望未来也有自己一份。那些不够好的创业公司文化，几乎只关注短期的现金奖励。不是说短期的现金奖励总是很糟糕，事实上在很多情况下，它们对驱动实现短期目标很有帮助。不过如果员工只注重现金奖励，而对股权毫无兴趣，那就说明他们可能对公司失去了信心。

（6）**完全目标一致**。优秀的创业公司文化要求目标完全一致。战略都是靠谱的，而且与公司的愿景保持一致。员工都在做着他们擅长的事，都承担着合适的角色。从 CEO 到业务经理，每位员工都是围绕一个目标。

（7）**良好的沟通，即便在糟糕的时期**。透明的沟通是优秀创业公司文化的标志之一。没有人对公司的愿景以及公司的发展方向感到困惑。沟通是开放且自由畅通的。难题都被直接处理掉，而不被忽略。每家创业公司都会经历跌宕起伏，他们一般都不愿意分享坏消息，因为这没什么意思。不过在优秀的创业公司文化中，在低谷时期与所有股东的沟通会有所增加。

（8）**强有力的领导**。创业公司的创始人应该是公司的"文化灵魂"。好的领导会非常负责任，能做到以身作则。我很喜欢大卫·麦卡洛（David McCullough）在《杜鲁门》一书中引用前国务卿兼陆军上将乔治·马歇尔（George Marshall）的一段话，主要讲了以身作则和保持积极态度的重要性。这段话原文如下："先生们，士兵或许有资格士气低落，但军官绝对不行。我希望，在这个部门的所有军官都要注意自己的精神状态。没人能影响我的士气。"

（9）**相互尊重**。在普通的创业公司文化中，业务人员会觉得，相对于打造市场需要的产品，技术人员对酷炫的技术更感兴趣。而技术人员会觉得，业务人员不够聪明（或不够懂技术），根本不了解市场需要什么。架构师看不起那些开发人员，而开发人员又看不起质量保证人员。销售团队觉得营销人员没有做好市场开拓工作。每个人都抱怨销售团队收入过高，他们应该销售更多的产品。在优秀的创业公司文化中，每个人都互相尊重，尊重每个人为公司所做的贡献，共同庆祝无论来自何处的胜利。热烈而健康的辩论会带来可以接受的决策，即便不是每个人都认同这些决策。

（10）**客户导向**。优秀的创业公司文化会满腔热忱地专注于定义客户是谁、客户想要和需要什么以及什么能让客户感觉有价值并愿意立刻买单。这些工作在编写第一行代码之前就应该开始做了。好的创业公司会在构思产品前会跟尽可能多的潜在客户交谈。一旦产品或服务交付给客户，他们会将客户的反馈视为开发流程的一个关键部分。优秀的创业公司很少会因客户问题而惊讶，因为他们是积极且过程导向的，会理解与客户相关的所有事情。

（11）**精力充沛**。在接触到优秀的创业公司文化时，你直接就能感受到：整个公司充满了活力，闹哄哄的，门是敞开的，白板上写满了难以理解的文字，人们都在做事；会议简短，切中要害；你还可能会被小狗绊倒呢。

（12）**乐趣**。创业公司应该充满乐趣。在优秀的创业公司文化中，每个人都认同他们正在享受工作的乐趣，即便在某一特定时刻这种乐趣并不存在。员工会

创业唯快不破

告诉其朋友，他们是多么快乐。唉声叹气是不受欢迎的。

（13）**诚实正直**。优秀的创业公司文化不走捷径。他们对待客户、处理员工问题、编写代码和打理日常业务时都极其诚实正直。无论容易做到还是很难应付，他们都能做到诚实正直。这种诚实正直不应该与缺乏韧性相混淆。从这种意义上讲，诚实正直意味着团队对正在打造并即将交付给客户的东西充满信心。对这样的团队来说，任何形式的欺骗或是试图欺骗都是不可接受的。

≈≈≈≈≈≈≈≈≈≈≈≈≈≈≈≈≈≈≈≈≈≈≈≈≈≈≈≈≈≈≈≈

一旦跨过了只有创始人和最初几名员工的时期，新公司的文化将会很快开始形成。多数 TechStars 创业导师都参与过不止一家公司的创立工作，每家公司在构建创业公司文化方面都有很多的经验教训，这些都源于他们在创立的第一家公司身上所犯的错误、所忽视的事情或是所遗漏的问题。格雷格这13 项优秀创业公司文化的特性，可能并非完全适合你。你也可以列出自己的清单，让每位加入的团队成员都明确知道哪些是重要事项，并坚持以它们为信条，这对创建伟大公司会有很大帮助。

格雷格的这篇文章最初发布在 techflash.com 网站上。

≈≈≈≈≈≈≈≈≈≈≈≈≈≈≈≈≈≈≈≈≈≈≈≈≈≈≈≈≈≈≈≈

主题
2
人

两张黄牌罚下

布拉德·菲尔德

布拉德是 Foundry 集团的董事总经理，也是 TechStars 的联合创始人。

在生活中，我一直坚持一个简单的原则，我称之为"惹我一次"原则，即我允许任何与我共事的人惹我一次。如果发生了这种情况，我会面对他们、原谅他们，然后一切继续。不过，如果他们惹了我两次，那么我将永远与他们划清界限。

尽管"惹我"的定义是模糊的，不过我将其归类为欺骗性的或不道德的行为。这种情况下，"惹我"是故意的冒犯和敌对行为。

我不会把那些令我失望、不遵守承诺的人或把事情搞砸的人归到"惹我"的类别。失败是创业的一个基本组成部分，我已经把失败当成创业过程的一部分了。我经常失败，而且我希望与我共事的人也失败——不管是巨大的失败，还是诸如不遵守诺言之类的小失败。

一些没有改正的系统性行为，比如无法让事情善终，或者实际结果经常与所设定的预期不匹配。这虽然是个问题，但也不属于"惹我"的范畴。这类行为只会减少我与这个人共事的愿望，降低我对结果的期待，并让我更加谨慎对待与他们的接触及合作。但是，我不会因此而跟他们决裂。

如果你对我说谎、欺骗我、故意伤害我（或我在意的人）、做那些我认为不道德的或违法的事，那就算是"惹我一次"了。不过我把处理这种状况视为我的责任，因为很多人并没有意识到他们做了这些事，或是没有意识到他们行为的潜在影响和含义。我在做出反应时，尽量不感情用事——冷静，但不被动；直接，但无敌意；具体，但不责难。

主题 2 人

布拉德·菲尔德在观察用 F 开头的那个词语骂人之后的震慑与恐惧。

偶尔，这种办法也行不通。这时候，我会直接放弃，并认为自己没法与那个人建立实质性的关系。但是，根据我的经验，之后通常要进行一次深入且深刻的交谈，这会有助于构建更加牢固的关系，或者至少是带来了构建更牢固关系的可能性。

一旦这种冲突被化解，我会重新恢复快乐心情，不再去考虑是什么引起了这种冲突。但是，就像足球比赛中的黄牌那样，你只能惹我一次。如果这种情况再次发生，那么我们的关系永远地结束了。

我已经亮出了不少黄牌，而且也得到过一些。在很多情况下，我最稳固的关系都是与那些得过一次黄牌的人建立起来的。幸运的是，从我这里得到一张红牌（两张黄牌）的人很少。

善心很重要

沃伦·卡茨（Warren Katz）

沃伦是分布式仿真软件开发公司 MÄK 科技的联合创始人，现在是 VT MÄK 公司的 CEO。从 2009 年起，沃伦成为 TechStars 的创业导师。

Photo Courtesy of MAK Technologies

在人的一生中，你要和家人（基本没有选择）、恋人（选择也不多）、朋友（有很多选择）以及业务上的伙伴（选择较少）一起度过很多时光，你还要做很多谋生的事（工作、赚钱、支付账单）和丰富生活的事（性生活、修车、钓鱼、装饰建筑）。最幸运的人可以跟他真正喜爱的人一起（不管是源于出身还是自己选择），做那些自己真正喜欢的事（提前退休，有一份能保证生活格调的工作，有一种能赚钱的喜好，或享受一条完美规划的职业之路）。而大多数人的生活则是另一种风景：为了赚钱实现他们的追求，不得不去做自己不喜欢的事情，不得不花时间与他们不感兴趣的人打交道。

很不幸，商业和赚钱常常都必然是令人厌恶的活动，迫使人们将更多时间花在他们不喜欢的人身上，去做他们不想做的事，好让自己获得最大的自由去赚更多的钱。另外，在商业中，如果一个人为另一个人做了一些能让他得到好处的事（加薪、一位新客户介绍、一个推荐），那么就难免因为这样的关照有种欠债或欠人情的感觉。这就是商业关系和个人关系之间的主要区别之一——对受人恩惠所持的不同态度。

在我的个人关系中，我很乐意为我喜爱的朋友及家人慷慨地提供帮助，让他们高兴。我也乐意接受有人会因为真正喜欢我、并想让我开心而大方地帮助我。我更喜欢处于付出的地位，我为我喜爱的人所做的要比他们为我做的更多。这种关系在商业上就是完全相反的状况，如果处于付出多于收获的状态，就会感觉受

创业唯快不破

到了欺骗或是被利用了。

因此，在商业关系中如果感受到存在个人友情（或是始于赚钱的友情）的成分，那真是一件稀罕的事情。我与最亲密的朋友之一布拉德·菲尔德的关系就是如此。

我的妻子伊拉娜（Ilana）曾在布拉德的第一家公司菲尔德科技工作过。尽管布拉德跟我从未共事过，但同是创业者难免有种惺惺相惜的感觉。布拉德在创业路上要比我早启程几年。我把布拉德当作导师，而 MÄK 科技的第一桶金也得益于布拉德的公司，这笔业务收入是通过为菲尔德科技的一个客户做一些系统管理工作得到的。他本可以找价格更优惠的公司来提供这些服务，不过我知道他这么做是为了帮我一把，让我的公司能够顺利起步。而且，我的公司也确实因此而开始起步了。

几年后，布拉德来到我家，带来了一款音乐生成游戏的试玩版本，玩家可以用游戏控制器来进行操作，并产生比较动听的音乐。来自麻省理工学院媒体实验室（MIT Media Lab）的两个聪明的家伙研发了这种技术，而布拉德将成为他们的第一个外部投资人。就现在的标准来看，那只是非常少的一笔钱，我猜布拉德可能是觉得，如果能拉一些别的创业者朋友一起投资，会让他更能获得媒体实验室那两个家伙的好感。想起 MÄK 赚的第一笔钱，我愿意参与布拉德让我加入的任何投资（到现在我还是抱着这种态度）。所以，我开了一张有生以来（到当时为止）额度最大的投资支票，抱着就当作是做慈善捐赠的平和心态，跳上了布拉德（和麻省理工学院的两位天才）的"贼船"。

在后来的十多年里，每次布拉德和我投资了什么项目，都会打电话告诉对方，然后问对方是否也感兴趣，就像我打电话叫其他朋友一起去钓鱼、叫妻子一起出去吃饭或是叫我的兄弟姐妹为爸妈准备结婚周年礼物那样。当我接到这种电话时，我都抱着"我的朋友在叫我出去玩呢"的心态回应他。布拉德及他的妻子艾米、我妻子伊拉娜和我经常一起度假，而主题也是多种多样。尽管我们的很多投资最终都打了水漂，不过我们还是一起参与，一起享受其中的乐趣。

布拉德最近通过电子邮件告诉我，他和他在 Foundry 集团的合伙人杰森·门德尔松（Jason Mendelson）在考虑给纽约市的一家动作捕捉公司 Organic

Motion 投资。我是在仿真行业工作的，因此我也是动作捕捉技术的客户，而且知道该行业的一些玩家。我也认识一些电子游戏行业的从业者，所以能找一找，了解一些这帮人的内部消息。一开始我有些不解，因为动作捕捉市场已经相当拥挤，而且这一行业的客户主要是那些出了名的抠门而且患有严重"创意缺乏症"的电子游戏公司。我很疑惑，为什么我的朋友会考虑往这样的行业上砸钱。不过布拉德让我了解一下状况，于是我跟那家公司进行了一次电话会议。让我吃惊的是，他们好像有一些别人都没有的东西。几周之后，我开车去拜访了他们，我完全被他们创造出来的东西所折服。所以这里就是一个例子，一开始我觉得自己是在帮布拉德的忙，结果变成其实是他帮了我一个忙。杰森和布拉德让我跟 Foundry 集团一起投了一点钱，然后就一起上路了。

当我回望过去的 20 年，除了跟我的妻子之外（理论上她是我的"另一半"），我跟任何其他人都没有这么亲密的关系。让深厚的友情与可以赚钱的兴趣爱好结合起来，这简直太酷了（对我是爱好，对他是职业）。这种情况并不常见。你也听说过其他知名人士拥有类似的关系（沃伦·巴菲特和查理·芒格，比尔·盖茨和保罗·艾伦），而这里大说特说我跟布拉德的关系或许有点不公平，因为我们在一起的投资经常没什么好结果，不过我自己还是颇有阿 Q 精神地认为，就算我们失去了所有东西，友情、同志情谊和信任仍然是我们关系的核心。

顺便说一下，我之前不是帮布拉德投了一点钱给那家奇怪的音乐游戏公司，帮他在那两位媒体实验室的家伙面前留下好印象吗？那是为了给出售 MÄK 公司时的收益避税而冲减掉的一小笔投资。那家公司名为 Harmonix，在得到我们最初投资的 10 年后，制作出了一款名为《吉他英雄》（Guitar Hero）的游戏，接着又制作了《摇滚乐队》（Rock Band），再后来被维亚康姆公司以 3.25 亿美元的价格收购了。当然，我的一小笔投资也获得了巨大回报，此所谓善有善报！

≈≈≈≈≈≈≈≈≈≈≈≈≈≈≈≈≈≈≈≈≈≈≈≈≈≈≈≈≈≈≈≈≈≈≈

关于这件事，还可以通过后续章节中埃兰·伊格奇（Eran Egozy）所写的名为"去实践令你有激情的事"一文了解更多详情。最近，沃伦、布拉德和伊万在剑桥共进了晚餐，并回想了过去几年里他们一起做的那些事。作为 MIT 的毕业生，他们讨论了该怎样去帮助新一代的 MIT 创业者。他们还静静坐着，感激彼此之间独立于任何商业或财务成功而存在的友情。那真是一个美妙的夜晚。

善有善报是联系所有 TechStars 导师的纽带。经常有人问我们："他们都得到了什么？"当然，包括声望和荣耀（哈！），以及参与那些公司投资的机会。不过除了一次丰盛的周年晚宴之外，我们的导师得不到任何报酬。我们觉得大多数导师会告诉你，他们是因为善心才加入 TechStars 的。他们就是喜欢帮助那些充满活力的创业者，而且也相信终有一日会有一些好东西出现。我们觉得他们中大多数人都会告诉你，那些好东西已经出现了。

≈≈≈≈≈≈≈≈≈≈≈≈≈≈≈≈≈≈≈≈≈≈≈≈≈≈≈≈≈≈≈≈≈≈≈≈≈

主题
2
人

拥抱随机性

大卫·科恩

大卫是 TechStars 的联合创始人及 CEO。

花点时间回想一下，到目前为止，你的人生之中都发生了哪些好事。如果你像我一样，考虑了这些事情，就会发现很多好事出现得很随机。就像是你遇到生命中最重要的另一半，或者你决定去哪所大学读书一样；也就像是你得到一份很棒的工作机会，或是在上次出差时发现自己最喜欢的乐队正在街边演出那样。

我认为，拥抱生活中的随机性是很重要的。我认识的那些特别成功的人当中，有很多都会故意制造这种随机性。布拉德·菲尔德就是个很好的例子。多年来，布拉德会定期拿出一天当成"随机日"，在这一天他会随机地找个人随便聊上 15 分钟。曾经有段时间，他在"随机日"会不停地跟不同的人聊上一整天。布拉德对于"随机日"的这种交流不抱任何预期。这种面谈交流他通常是不会参与的，或者至少他是没什么特别理由参与的。不过他认为会遇到一些有趣的人，而且一些好事也可能在一段时间后随之而来。

猜猜我和布拉德·菲尔德是怎么认识的？也是在他的一个"随机日"。再猜猜我们那天都聊了什么？TechStars！在那天之前，我从没见过布拉德，不过我是他博客的忠实读者。我从没想过布拉德会对 TechStars 感兴趣，确实没想到他会帮助我一起联合创立 TechStars，成为一位绝佳的合伙人。在这次 10 分钟的会面中，布拉德表达了他的投资兴趣。真是闻所未闻！事情就这么随机发生了，而这也直接造就了今天的 TechStars。

现在，我也有了"随机日"的惯例。我遇到了一些相当有趣的人，结交了新朋友，甚至还以这种方式达成了一些投资。

在我的一个随机日中，我遇到了本地一位名叫肖恩·波特（Sean Porter）的创业者。肖恩当时在创建一家名为 Gigbot 的公司，那天是凑巧来让我给他提点建议。后来，Gigbot 被 TicketFly 收购了。而在被收购前，希恩也很慷慨地给了我一些顾问期权。这次机缘巧合，让我现在成了 TicketFly 的小股东。要知道，这家公司是我非常喜爱的。另一个我碰巧遇到的人是罗布·拉吉斯（Rob La Gesse），他现在是 Rackspace 公司首席破坏官（Chie Disruption Officer）。他在"随机日"跟我见面之后，就成了 TechStars 的强力支持者，并赞助了我们每年都会制作的系列视频"创始人"（The Founders）。通过罗布，我又认识了罗伯特·斯考伯（Robert Scoble），他现在参加了 TechStars 项目的展示活动，也成了 TechStars 加速计划的粉丝。

对随机性保持开放的态度，不只是限于与人会面，这还是一种创意，让你尝试一些没理由去做的事情。要认识到一个事实：你遇到的某个人或你做的某件事，可能最终会以一些完全出人意料的方式帮助到你。如果你不对随机性保持拥抱的态度，那么你很可能会错失很多机会来发展公司、找到客户、结交业务伙伴或认识终身朋友。想一想，这是多么随机的事情啊！

主题 2 人

**2009 年的 TechStars 外出活动观看电影《上班一条虫》时，
大卫·科恩与布拉德·菲尔德在红石露天剧场随机吃喝。**

主题 3　执行

TechStars Lessons to Accelerate
Your Startup

经常有人说，创业是一种受控制的混乱。有太多事情正在进行中，有太多事情要去做。最优秀的创业者能控制混乱，专注于那些重要的事情，并找出高效的执行方法。

执行效率对创业公司来说非常重要，因此在 TechStars 的申请过程中，我们特意设计一个流程来对其进行检测。我们期待简洁且直接的电子邮件，而不是无休止的电话。作为申请资料的补充，那些拍上一段简短视频介绍自己在做什么的团队要比那些浪费时间拍视频展示产品价值的团队更能打动我们。尽管我们不能公开申请流程处理中的所有机密，但是有各种其他的线索可以帮助我们确定一个团队是否具有一项最为重要的创业特质——完成工作并聚焦结果的能力。

有些创业者，比如 Occipital 公司的杰夫·鲍尔斯和维卡斯·雷迪，算得上是"执行机器"。要知道，一旦他们将心思放在了什么事情上，就会专心去做，并将其完成。而像 DailyBurn 公司的安迪·史密斯（Andy Smith）这样的创业者，则用他们的泰然自若、冷静的胜任力达到目标。在你还没发现的时候，他们就已经创造出了一系列能吸引无数人的精彩非凡的产品。还有一些创业者，比如 Filtrbox 公司的阿里·纽曼（Ari Newman）和汤姆·其库尔（Tom Chikoore），他们痴迷于研究数据，不过当发现此路不通时，就会立即调转方向。

执行并不是意味着在尚未从不同来源收集大量数据的情况下，盲目地从 A 处走向 B 处。杰出的创业者知道如何综合这些数据，决定接下来该走哪条路，并坚决执行。

更好更快

大卫·科恩

大卫是 TechStars 的联合创始人及 CEO。

创业公司几乎在处理所有事情的时候都处于劣势。一开始，大多数创业公司与竞争对手相比，钱更少，信誉度低，客户也少。而且创业公司的员工少，就意味着专注于营销、销售及产品开发的人通常也少。另外，创业公司的资源也很稀缺。

不过，就像武术那样，最优秀的创业公司会借对手之力来制衡对手。官僚主义会减缓大公司的行动。大公司的员工做得更少，因为犯错是有政治成本的。冒险者会因为犯错而被炒掉或是失去内部权力。公司越大，行动就可能越迟缓。

如果大多数创业公司都具有一种竞争优势，那么这个优势就是他们可以做得更好更快。因为他们可以做得更好更快，所以也能学得更好更快。他们可以将没有效果的事情丢到一旁，因为没人会在乎这些。没人会试图保护一个还不存在的品牌，没人有任何理由惧怕小失败。创业公司知道，失败就是创业过程的一部分。

如果你问那些大公司的 CEO 他们最担心什么，一个常见的答案是"躲在某个车库里创业的几个人"。为什么？因为那些规模更大、更加成熟的竞争对手如果尝试一些完全不同的东西，可能会有很高的失败成本。对这些大公司来说，太多的利害关系让它们不可能靠打破游戏规则来击溃对手。相对来说，创业公司没什么可失去的，所以可以通过尝试那些疯狂或不常见的事情而得到很多。大公司经常搞不清楚创业公司到底能做多少事，这让他们感到害怕。

主题 **3**

执行

我们会告诉参加 TechStars 的创业公司，他们必须更好更快。这并不是说可以做随机的事情，他们还是要深思熟虑。不过如果他们不具备小巧精干公司的超凡工作效率，那么就会陷入真正的劣势。我对此深信不疑，并把自己的天使基金命名为"子弹时间（Bullet Time）创投"。这个名称来自电影《黑客帝国》，男主角尼奥的动作超快，可以轻易地躲避子弹。他的敌人看起来动作迟缓，所以他在与这些人交手时有着明显的优势，这让世界（对他来说，是虚拟世界）变得大为不同。

当 Occipital 公司参加 2008 年的 TechStars 加速计划时，他们真的是比飞行的子弹还要快。作为一家可视化搜索引擎公司，他们尝试过多种产品，直到研发出取得巨大成功的 RedLaser。他们都很有趣，不过 Occipital 之所以取得成功，是因为他们能快速尝试各种创意，并抛弃那些行不通的，把所有注意力都放在那些可行的想法上。RedLaser 是 Occipital 在六个月左右的时间里研发出的第四款产品。表面上听起来这似乎是毫无章法的随机事件，不过杰夫和维卡斯非常审慎地评估每一步的进展。

Next Big Sound 公司用三个月时间打造了异常漂亮和实用的产品；SendGrid 公司在一年内就弄清了如何将他们的电子邮件投递体系提升到每天处理 2 000 万封电子邮件；Oneforty 公司在几个月内就开发出了一个拥有数千名 Twitter 应用开发者的社区；Intense Debate 公司只用了一个夏天就把创意变成了安装到数百个博客上的产品。那些取得成绩的公司，似乎总是能以闪电般的速度迅速行动。相反，那些而不成器的公司则似乎总是在谈论"几个月之后"的新版本和新功能。这些行动迅速的公司是怎么做到的呢？他们会专注于有价值的事情，会在有实际影响的领域取得重大进展。

因为身在 TechStars，而且是一位天使投资人，所以我也参与过一些不能做得更好更快的创业公司。他们的执行力就像那些规模较大的公司那样迟缓，他们过早地引入了太多流程，试图在开始冒险之前就证明自己绝对正确，想得太多却做得太少。他们绝佳的创意救不了他们。丢掉自己的一个明显的竞争优势，通常就是自取灭亡。如果创业公司不能做得更好更快，那么通常只会失败得更快。

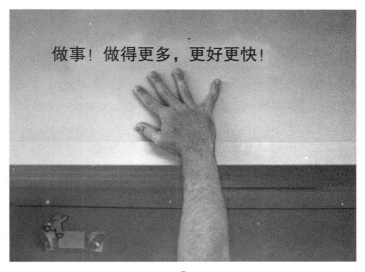

创业者离开 TechStars "碉堡" [⊖] 的大卫·科恩办公室时的情景
——创业者在开完会离开时，经常会跳起摸摸这句话。

⊖ 博尔德分部的办公地点。——译者注

假设你是错的

霍华德·戴蒙德（Howard Diamond）

霍华德是 ThinIdentity 公司的 CEO 及董事长，这是一家提供医保身份服务的公司。霍华德也曾是 Corporate Software 和 ePartners 公司的 CEO 及董事长。自 2007 年起，霍华德成为 TechStars 的创业导师。

教会创业者学说"我错了"，真是一件特别困难的事情。这是一个真正的问题，因为我们大多数人通常是错的，尽管我们的想法与此相反。

在创立或是运营一家公司时，犯错是常态。通常很明显可以发现，你做出了一个糟糕的决定，这种决定也通常很容易纠正。但是在纠正一个糟糕的决定之前，你必须承认自己做出了一个糟糕的决定，而这对大多数人来说，是真正困难的部分。因此，很关键的一点是在公司里营造一种氛围，使得组织内所有成员都能坦然认错。为了让这种做法行之有效，必须从上至下推行。

1990 年，我是一家名为 Course Technology 的创业公司的联合创始人。在五年的时间里，我们建立了一家成功的公司，年销售额达到 7 500 万美元，达到 20% 的净利润率。我们将公司出售给了一家大型出版集团（那时叫 ITP），因为交易中还包括按经营业绩支付的条款，所以实际出售价格甚至要高于出价。这听起来好极了，情况也确实也是这样。

在创立公司的过程中，促成我们成功的大多数事情与最初的商业计划关联性不大。作为管理团队，我们需要一边学习、一边不断调整战略和市场策略。我们必须愿意放弃自己的假设，用心听取客户和合作伙伴的意见。对于员工所关心而最初被高管视为习以为常的那些事，我们必须听取。与最初的设计相比，促使公司走向成功的销售模式和定价结构也发生了很大的变化。我们必须召开董事会，告诉投资人我们之前告诉他们的事情现在被证实是错误的，不过我们能在前行中

创业唯快不破

不断做出改变，调整我们的发展方向，并且仍然可超出预期。

作为 TechStars 的一员，最振奋人心的事情之一就是看到众多公司在参与加速计划的过程中发生的惊人改变。通常情况下，在项目演示日上最兴奋的团队，就是那些与他们申请 TechStars 加速计划时的商业计划相比偏离最远的团队。令人激动的技术和令人激动的业务之间，存在着巨大的差异。理解这些差异，并且在需要的时候能够做出调整，这通常是决定成败的关键。

2009 年，在第一次 TechStars "导师见面会"上，我最喜欢交流的团队是 Next Big Sound 团队。不过，他们的商业计划让我觉得完全不靠谱。那天晚上，他们也跟其他导师交流过。很明显，很多导师都有着与我相同的反应。所有人都觉得这几个小伙子挺优秀，但是他们的商业计划却激发不起我们任何人的支持或热情。

在那年夏末，TechStars 博尔德分部的项目演示日上，我坐在观众群中，看到 Next Big Sound 团队表现得如此出色。我对这群小伙子感到无比自豪，不仅因为我相信他们现在已经建立起了业务，而且因为他们真正听取、理解并融合了整个夏天从导师那里听到的观点和想法。结果就是，他们创建了一家令人激动、值得投资、真正拥有潜力的公司。

主题 3
执行

≈≈≈≈≈≈≈≈≈≈≈≈≈≈≈≈≈≈≈≈≈≈≈≈≈≈≈≈

对自己所做的事有着坚定的信念，但在确定自己犯错时，又愿意迅速承认的创业者，霍华德就是他们的典范。作为公司的一名高管，霍华德有着明确的定位，而且能按此行事。当这些不起作用时，他会承认这种情况，综合数据，尝试一种不同的行动方式。他在团队的最前面引领大家，乐于披荆斩棘，遇到阻碍时也勇于承担责任。

作为导师和董事会成员，他可谓熠熠生辉。他要求创业者要有自己的观点。如果他们没有观点或者观点不鲜明，那么他就会加大压力。他不觉得一开始就需要找到正确答案，不过他相信每个人都应该有明确的前提，并带着坚定的信念循迹而行。

这样一来，他完全不会因为犯错而感到有什么不舒服。这不是一种过失，而是一种激发人们更快地找到正确答案的兴奋剂。如果你认识到自己是错的，那么最终就能更快地找到正确答案。而且当你这么做时，也会觉得非常自信和满意。

霍华德·戴蒙德（中间偏左）在 2009 年夏天的"导师见面会"上向新加入的创业者分享他的经验。

迅速做决定

阿里·纽曼

阿里是 Filtrbox 公司的 CEO 及联合创始人。
公司提供一种网络服务，旨在帮助中小型企业和
个人跟踪与监测新出现的媒体内容和新闻。在参
加了 2007 年的 TechStars 加速计划后，Filtrbox 从
True 创投和 Flywheel 创投那里获得了 100 万美元
的投资。2010 年，Filtrbox 被 Jive Software 收购。

Filtrbox 公司生活在一个实时的世界里，无论是说我们所做的事情还是说我
们经营业务的方式。对于早期发展阶段的公司，收集数据、认清事实并迅速做出
决定的能力是一笔巨大财富。按照著名冰球运动员韦恩·格雷茨基（Wayne
Gretzky）的说法，你必须"滑向冰球飞向的地方"。

早期阶段公司最有价值的财富之一便是它们的灵活性。公司在发展数年之后，
产品更复杂、收入来源更丰富和客户数量更多，相比较来说，发展初期公司的约
束非常少。不能迅速做决定的后果，就是放弃掉你的一笔最优质的财富。

我们创立 Filtrbox 公司的愿景，是为商务专业人士解决"信息过量"问题。
我们采用了免费及增值服务的商业模式，就是说我们给用户提供功能受限的免费
版本，如果用户喜欢并需要更多功能，他可以付费购买完整版本。我们的信条就
是："打造一些有价值的产品，传递我们的信息，听取客户的反馈。然后，不断迭
代及重复。"

我们还密切关注各项运营指标的情况，因为我们可以跟踪用户的所有行为。
我们很快就发现，用户喜爱 Filtrbox，但我们还是要拿起电话跟用户沟通，以展
示产品的全部价值，并让他们拿出钱包为完整版本付费。我们关注所有运营指标，
包括客户互动的次数、平均交易规模和交易完成时间等。我们可以花上数个月的

时间，不断微调注册流程、试用推广活动或用户使用流程。我们知道，Filtrbox 是在为品牌、品牌管理者以及那些需要倾听客户声音的人传递最优价值。

因此，我们没有继续无休止地收集新数据，而是开始了解市场的走向：实时网络将会在什么地方传递价值、我们的核心客户来自哪里以及他们如何找到我们。一旦我们开始这样思考，答案就非常清晰了。我们选择"滑向冰球飞向的地方"，并充分利用我们的最优质的资产——灵活性及所建立的软件平台。2009 年 5 月，我们改变了发展方向，果断决定聚焦在实时社会化媒体监测领域。

现在，公司在茁壮成长，在充分利用我们的资产。我们继续以相同的方式运营，收集数据、关注运营指标，并快速做决定。每天、每周、每个月都在发生改变，而不是每季度或每年改变一次。我们实施的是一种内勤销售模式[○]，所以每天都可以全天候地与客户和潜在客户沟通。因此，我们在不断了解客户想要什么，并且能够快速做出决定，改变方向以满足客户的需要。只要我们能做到，我希望在 Filtrbox 一直保持这种风格。

≈≈≈≈≈≈≈≈≈≈≈≈≈≈≈≈≈≈≈≈≈≈≈≈≈≈≈≈≈≈≈≈

2010 年 1 月，Jive Software 收购了 Filtrbox。当阿里在为新一轮融资四处奔波时，他遇到了企业社会化计算领域的几家公司。他们有兴趣把来源于实时网络的社会化数据整合进自己的产品。Jive 和 Filtrbox 都有着相似的技术平台，它们对这些平台运作模式也有着类似的远见，而且 Jive 已经成为企业社会化计算行业的领导企业。阿里仔细评估自己的各种选择机会并决定加入 Jive，这一切我们都看在眼中。

半年之后，这次收购看起来非常成功。位于博尔德的 Filtrbox 团队迅速扩大，并完全融入了在硅谷和波特兰都有办公室的 Jive 公司。Filtrbox 的产品品牌已经更名为 Jive 社会化媒体监测解决方案，而所有迹象都表明它已经得到了很多新客户的高度认可。

≈≈≈≈≈≈≈≈≈≈≈≈≈≈≈≈≈≈≈≈≈≈≈≈≈≈≈≈≈≈≈≈

○ 指在办公室通过电话或互联网洽谈生意或在办公室会见来访潜在客户的销售模式。
　　——译者注

这只是数据

比尔·沃纳（Bill Warner）

比尔是 Avid Technology（视频编辑软件行业的先锋）和 Wildfire Communications 的创始人，也是 TechStars 波士顿分部的联合创始人。

好的建议是一件好事，对吧？因此，大量的好建议应该是一件更好的事。

呃，其实不然。不过不管怎样，TechStars 里的公司会获得大量的好建议，也会收到一些糟糕的建议。我清楚这一点，因为两种建议我都提供过。

在 TechStars 波士顿分部 2009 年的加速计划中，迈克·莫纳汉（Mike Monaghan）和汤姆·莫纳汉（Tom Monaghan）两兄弟创办了一家名为 TempMine 的公司。最初的创意非常简单，就是为那些临时工建立一个人才市场，让他们可以营销自己，并且能够跳过中介直接向雇人的公司推销自己。汤姆和迈克认为，消除中介机构将会是一件好事。

那年夏初有了来自多方面的建议，其中就包括一些消极的声音，认为 TempMine 可能会触犯法律，劳动法是非常严格的，没有变通的可能，而且人们不能直接为适用 1099 系列工资报税申请表的公司工作。[⊖] 所以，麦克和汤姆开始重新制订其创业计划。

与此同时，我花了一些时间跟汤姆谈了他创办这家公司的初衷。他意识到自己的动力是源于帮助人们找到合适的职业方向，而他觉得临时工作是实现这一目标的一种方式。这个出发点很有用，但是我接着问他为什么只聚焦于临时工作？为什么不去帮助人们在职业生涯中寻找合适的发展方向，而不局限于工作的形式

⊖ 这里应该是原文作者犯的一个错误，1099 系列纳税申请表是用于非工资性收入报税的，适用于工资性收入的是 W–2 纳税申请表。——译者注

呢？汤姆对此很兴奋，接着就开始着手将公司更名为 GlideHire，并将其视野扩展到临时工作以外的领域。

　　一开始似乎令人激动，但没过多久，汤姆就又来找我。他说："嘿，公司真正关注的就是临时工作。这个网站是我认为能帮到那些人的东西，临时工才是我要为其找到合适方向的客户。我要把公司的名字改回 TempMine，并执行原来的计划。"有那么一小会儿，我感到很糟，因为我一方面帮他理清了一些事，而另一方面又搞出了一大堆不相关的事。尽管在弯路上只走了一周时间，但这对为期三个月的 TechStars 加速计划来说却是很长的一段时间。

　　但是，我接着就认识到，这也是 TechStars 的特色之一。这些公司与那些关心它们并提供建议的导师联系在一起。建议多种多样，难免会出现互相冲突的情况。即便建议是来自一位值得信赖的顾问，其中也可能有一些不正确的部分。这些创业者很快就无奈地认识到，将获得的所有建议聚集起来是不可能得出一个解决方案的。他们的唯一希望是聆听自己的头脑和心灵，并沿着一条自己相信的道路前行，只听取一部分反馈，并抛弃其他的思考和观点。

　　那么，过多相互冲突的建议是一件坏事吗？不。拥有特别多的建议，可以教会你如何做出更好的决定，只要你能接受一个事实：相互冲突的信息是生活的一部分。记住，这只是数据。

≈≈≈≈≈≈≈≈≈≈≈≈≈≈≈≈≈≈≈≈≈≈≈≈≈≈≈≈≈≈

　　"这只是数据"是 TechStars 导师会议最常用的结束语之一。我们努力让导师尽可能地发挥效用，而那些能力很强的导师、尤其是那些自己也身为创业者的导师必须注意的一点就是：不要在自己的建议上表现出太强硬的态度。经验丰富的创业者通常相信他们知道正确答案，而且他们通常确实知道，TechStars 的魔力之一就是能帮助 TechStars 的创业者们找到正确答案。而任何成功的创业者都知道的是，正确答案往往不止一种。所以，作为导师，提供建议时很重要的一点就是要明确你只是在提供数据，最终需要创业者自己做出决定。

≈≈≈≈≈≈≈≈≈≈≈≈≈≈≈≈≈≈≈≈≈≈≈≈≈≈≈≈≈≈

要思考，然后相信直觉

赖安·麦金泰尔

赖安是 Excite.com 的联合创始人，现为 Foundry 集团的董事总经理。

人们没法掌控自己无法衡量的东西。使用合适的设备来检测你的业务以实现智能决策，其重要性再怎么强调都不为过。这一点，对于在互联网上开展业务的公司来说尤为重要。存在大量通过其他方式无法获取的量化数据需要采集。每一位用户的交互都可以检测，这些数据如果解读得当，将会产生巨大的价值。

另外，设立一家公司，并在之前可能不存在的细分市场上创造一款之前没有见过的产品，其前景并不明朗。在公司成立最初的那段时间里，几乎没有数据可用。而有了数据之后，这些数据往往又混淆不清。此外，公司的朋友、导师、顾问和董事会成员通常也会提出相互矛盾的建议。市场调研和用户调研小组也可能产生不一致的数据，从而可能导致彼此对立的结论。

早期公司的创始人要做些什么呢？我来提两条相互冲突的建议吧（要习惯这种情况）。首先，要对拿到的数据持怀疑态度。将听到的、检测到的、学习到的一切视为轶闻趣事，即便它们已被多方来源证实；其次，特别是在早期阶段，要记得收集尽可能多的数据，并对业务的各个方面均进行检测。如果不在创业之初就灌输这条规矩，那么之后就永远都补不回来了，而且你永远都得不到正确信息来做出正确决定。

要为数据可能带来的假象做好准备。在特定客户群中所取得的早期成功，可能会导致公司决定将重点放在只占总客户群 4%的子客户群上，并且这些客户非常难于销售。如果你晚上在停车场丢了车钥匙，不要只在灯光能照亮的地方找钥匙。要不断地重新审视数据，对错误的事物进行检测，要比什么都不检测更糟糕。举个例子来说，如果你要运营一家靠广告赢利的媒体网站，那么过度关注用户的页面访问量，可能会让忠实用户感到困扰，并且会大大减少广告的点击率，最终对业务造成损害。

记住，要以指数方式思考，尤其是在技术的世界里。几何曲线上的一些早期数据点可能会让你得出线性现象的结论，这可能会导致你对由数据点组成的曲线走向做出严重的错误预估。雷·库兹韦尔（Ray Kurzweil）曾经表述过这样的观点：当出现指数式增长时，要记得人们往往会大大高估短期内会出现的情况，又会严重低估较长时间跨度内可能发生的情况。

有人说，衡量智力的标准之一，是在内心同时容纳矛盾想法的能力。那么，把公司创始人的生活当成是一场大的智力测试吧。最后，你需要适应对混乱数据和不完整数据习以为常的生活。记住，要过上创业生活，既需要艺术细胞，也需要科学细胞，而且要同时做定性和定量考虑。接收所有你可以收集的信息，然后做出你的头脑和直觉都觉得正确的决定。

2009 年，赖安·麦金泰尔在 TechStars 提供有潜在冲突的建议。

进展等同于有效了解

埃里克·莱斯（Eric Ries）

　　埃里克是 IMVU 的联合创始人及 CTO，还是精益创业法（Lean Startup Methodology）的发明人及《精益创业》（*The Lean Startup*）一书的作者。

　　你希望自己创业公司的年收入是有 3 万美元还是 100 万美元呢？听起来这是一个不用动脑子就能回答的问题。不过我要让你相信，这并非一个简单的问题。

　　这听起来可能很疯狂，因为一般人们会倡导从产品面市第一天起就向客户收费。我曾经劝告过无数的创业者，让他们改变对收入的关注。很多拒绝接受这条建议的公司，因为耗尽时间而陷入麻烦。收入本身不算是合格的目标，完全将注意力放在收入上，与完全忽略收入都必然会导致失败。

　　有一家公司的年收入是 100 万美元，而且每个季度都呈现出增长的趋势，但他们的投资人却感到困惑。每次召开董事会时，成功的标准都在变化。公司的产品定义在大范围变动——这个月还是甜点酱料，下个月就变成了地板蜡。公司的产品开发团队在努力开发下一代产品平台，用于生产一套新的产品，可是实际工作却远落后于预定计划。事实上，这家公司有几个月时间根本就没有任何新产品发货，但他们的收入数据却在一个月接着一个月持续增长。这是怎么回事呢？

　　诊断结果很简单：这些创业者都是特别有天赋的销售人员。这是一项惊人的技能，大多数工程师都会忽视。真正的销售人员都是艺术家，他们能磨炼嘴皮子，反复练习那些核心词语、短语、特性和好处，用三寸不烂之舌说服其他人拿出辛苦挣来的钱购买尚未成熟的产品。对一家创业公司来说，拥有非凡的销售基因是一种特别优质的资产。但在早期阶段，它可能会吞噬公司的未来。

　　问题源于向每位客户销售定制的一次性产品。这就是销售的奇妙之处：通过深入了解每位客户，神奇的销售人员能说服他们，让每个人都相信这种产品可以

主题 **3**

执行

解决重大问题。这样能兑现不少支票。现在，在某些情况下，这种过分吹嘘的行为会导致第二层的问题，就是客户会意识到他们被欺骗了，并不愿继续当这"冤大头"。而这里就是真正伟大的销售艺术家的用武之地了。只要新产品确实能为客户解决重大问题，他们通常并不介意销售人员使用诱导转向法。[⊖]销售人员利用他们的洞察力，了解客户的真正需求，以此来推动销售，进而将更高价值的东西推销给客户。他们是在完成订单，也是在收集宝贵的客户数据，公司接近盈亏平衡。但问题在哪里呢？

这种方法从根本上是无法规模化的，每一笔销售都需要创始人亲自关注。这个过程不可委派他人来做，因为无法向一个普通人解释清楚销售过程都包含些什么。对潜在客户需求的洞悉，以及对自己现有产品所能提供价值的深入了解，创始人会将这两者紧密结合在一起。这样一来，潜在客户会被拒之门外，他们只能与那些资质最佳的客户打交道。

让我再描述另一家不同的公司吧，这家公司年收入只有 3 万美元。这家公司拥有一个宏大的长期愿景，不过他们当前的产品只是最终要打造的产品系列的一小部分。与那些百万美元级收入的创业公司相比，他们的规模真是很小。那么该怎样一步步做大呢？

首先，他们不会亲手销售自己的产品。每位潜在客户的注册和付款，都是通过一个自助服务流程。因为他们并未现身市场，所以必须寻找分销渠道引入客户。他们只能负担得起诸如 Google 这样支持小批量购买的渠道。

不过这种限制的好处在于，他们对每位客户都非常了解，而且能不断尝试新的产品功能和产品营销手段，以提升新增客户群带来的回报。随着时间的推移，他们发现了在所面向的细分市场中获取、验证和推销客户的准则。最重要的是，他们拥有了很多与业务的最小经济单元相关的大量数据。他们知道每新增一位客户的成本是多少，而且知道可能从每个客户身上赚到多少钱。

换句话说，他们已经学会了发展可再生的受众。手里收集了这些早期客户的相关数据，也就能对当前产品的市场规模做出合理的预期了。他们现在的规模可

⊖ 一种用廉价商品来吸引客户，然后引导他们购买更昂贵类似产品的销售策略。——译者注

能尚小，但已经处在了一个非常有利的去筹集风险资金的位置，并开始极度迅速的成长。

相比之下，具有百万美元收入规模的创业公司却深陷泥沼。

这样的故事，让我对创业公司的进展有了这样一种定义：对客户的有效了解。这种进展是显著的。首先，这意味着大多数衡量成功的标准，比如总收入，并不是非常有用。这些数据并不能提供我们需要了解的业务关键信息：平均每位客户能为公司带来多少利润？可触及的市场规模有多大？获取新客户的投资回报率是多少？随着时间推移，现有客户会对我们的产品有何反应？

对客户的有效了解将公司发展牢牢根植入公司内部人员的脑海里，而不是在公司的任何产品特性中。这就是资金、里程碑、产品或代码都算不上公司进展的原因。一个成功团队所了解的信息以及他们所编写的源代码，如果要在这两者之间做出选择，我肯定每次都会选择前者。

≈≈≈≈≈≈≈≈≈≈≈≈≈≈≈≈≈≈≈≈≈≈≈≈≈≈≈≈≈≈

尽管"进展等同于有效了解"似乎耐人寻味而且过于理论化，不过它实际上是个漂亮的文字组合而已。从根本上来说，所有创业公司都希望取得进展。不过正如埃里克所指出的，衡量进展的标准往往是错误和具有误导性的，特别是在早期阶段。运用"有效了解"（也就是，你已经了解并能确定其正确性的东西）这个过滤器，是一种强大的参考模式，以便在讨论中引入更多的规则。

我们已经在过去的几年中对埃里克有了充分的了解，并觉得他在"精益创业法"上所做的工作真是不可思议。在此，我们鼓励所有的创业者都成为埃里克的学生。

≈≈≈≈≈≈≈≈≈≈≈≈≈≈≈≈≈≈≈≈≈≈≈≈≈≈≈≈≈≈

轶事不是数据

布拉德·菲尔德

布拉德是 Foundry 集团的董事总经理，也是 TechStars 的联合创始人。

Photo by Scott Cejka

在 TechStars，经常能听到"轶事不是数据"的说法。尽管这句话最初的出处不甚明确（见 http://bit.ly/anecdt），但它的含义很强大，并且对导师和创业者来说都很适用。

很多 TechStars 导师都是经验丰富的创业者，通常创办过多家公司，有些公司成功了，有些没成功，他们拥有着广泛的经历。通过这些经历，他们形成了很多故事，并构思了很多个人轶事。这些轶事受人喜欢、风趣、机智、有力，而且经常被反复讲述，不过它们需要被安置在信息层次结构中的合适位置上才行。

尽管创业者可以从故事和轶事中学到不少东西，但他们也有可能会错误地把这些轶事当作真理。在 TechStars 加速计划期间，创业者经常会从导师那里听到相互冲突的故事和建议。导师 A 认为你应该选择一个特定的垂直市场作为市场进入策略，并解释说这种策略在他自己的第一家公司经过了实践检验。而在另一次沟通中，导师 B 又说，他的第一家公司之所以失败，主要就是因为采取了进入特定垂直市场的策略，他建议你采取广泛的横向平台策略，然后在平台上的客户大量出现之后再谨慎选择特定的垂直市场。这两种情况下，他们都会讲述支持他们观点的个人轶事。

创业者该怎么办呢？我们一开始会说 "这只是数据"，意思就是说创业者需要对数据进行综合处理，尤其是那些不同的观点，然后形成自己对正确行动方向的判断。如果再退一步去想你就会发现，其实从一件轶事中根本不足以形成有用的数据。

我们在 TechStars 的目标之一，便是让导师包围这些初次创业的创业者，用故事、轶事、建议和数据不断淹没他们。只要这些内容足够多并产生冲突，我们就将其视为重大利好，因为这些内容能迫使创业者更加深入、努力地思考具体是怎么回事，并将思考的结果应用在自己的具体情况中。如果他只靠一件轶事来形成观点，那么将会错过可能影响他自己及其公司的各种不同情况。

人们常常说，信息层次结构的底层是数据，中间是信息，而顶层是知识。不过，在创业的世界里，我发现轶事的层级还要低于数据，你在抽身进入数据层之前，掌握大量轶事是很重要的。因此，就有了"轶事不是数据"的说法。

2008 年夏天，TechStars 导师霍华德·林顿（Howard Lindzon）
在给创业者分享案例轶事。

主
题 3
执
行

处理好电子邮件

大卫·科恩

大卫是 TechStars 的联合创始人及 CEO。

在每年的迎新日，我们都会恳请参加 TechStars 加速计划的创业者处理好电子邮件。处理不好电子邮件，肯定会让你的导师、潜在投资人和客户对你失去兴趣。

新创业者处理不好电子邮件的表现多种多样，不过一些常见的方式可以很快纠正。首先，要改变自己的态度。最常见的借口"我收到的电子邮件太多了"其实是很可笑的，我们都会收到多如牛毛的电子邮件。在迎新日，我会告诉那些创业者他们收到的电子邮件几乎不可能有我收到的这么多。把这条借口从你的脑袋里删掉吧，因为电子邮件的数量根本不是你处理不好电子邮件的理由。事实上，创业者应该想要收到更多的电子邮件，尤其是来自客户的电子邮件。

如果你认可"收到的电子邮件有可能多到无法处理"的观点，那么就需要一个系统来处理它们。我们推荐使用类似大卫·艾伦（David Allen）设计的"事务处理系统"（Getting Things Done，简称 GTD），其中包括诸如"清空收件箱"等策略。你的目标应该是每封电子邮件只处理一次，要么立即回复，要么将其放在待办清单上并设定一个稍后处理的限期。然后，将这封邮件从收件箱里删掉。不要把收件箱当作你的待办清单，否则绝对会引发一场电子邮件灾难。这个简单的解决方案会让大多数人避免陷入电子邮件的泥潭。如果你的收件箱里现在有 2 000 封新邮件，那么你可能真的处理不好电子邮件。

将处理电子邮件当作一个打造品牌的机会。很多创业者都使用 gmail、雅虎或 hotmail 这样的公共电子邮箱发送电子邮件。这是一种很傻的做法，因为每次这样发送一封电子邮件时，你就错过一次为公司品牌推广的机会。使用带有公司域名的邮箱收发电子邮件，那么每次别人收到你的电子邮件时就能想到你的公司。

拖上几周的时间回复邮件或压根不回复邮件，都是很糟糕的处理方式。一般来说，你应该尽量在一两天内删除或回复电子邮件。如果是去度假或是公司出了什么状况，就应该设置自动回复，让发件人知道你的情况。如果你不知道该如何答复某封邮件，那么就迅速回复，并告诉对方你会考虑的（并将其加入到待办事项中）。

也许，处理电子邮件最糟糕的方式就是不够简洁、直接。好了，说得够多了。

≈≈≈≈≈≈≈≈≈≈≈≈≈≈≈≈≈≈≈≈≈≈≈≈≈≈≈≈≈≈

Vanilla 公司的马克·奥沙利文提出了处理好电子邮件的七条法则。这几条法则相当好，所以我们把它们从马克的博客上照搬了过来。

（1）**使用主题行**。这听起来很简单，但令我吃惊的是，有很多人在发送电子邮件时使用无意义的主题，比如"嘿"，甚至根本不带主题。主题行不仅让收件人一眼就能知道你为什么联系他（如果是给一些陌生人发电子邮件，这点尤为重要），而且是收件人以后需要找到你的电子邮件时用于搜索的关键信息。花点时间考虑一下你发电子邮件的目的，将主题控制在 2~7 个单词之间，让它既简洁又具有描述性。

（2）**"三句话法则"**。要在所有电子邮件中都应用这一法则可能会比较棘手，不过当你给不认识的人、你从未联系过的人或你知道其不善于回复电子邮件的人发送邮件时，还是很值得这样做的。此时，应该把你的邮件正文压缩到三句话。我知道你可能觉得需要在电子邮件中放进超过三句话的信息，不过现实情况是，收件人是一个巨大的未知。你不知道他们到底有多忙，他们处理电子邮件的水平有多差，他们对你在电子邮件里说的内容有多感兴趣等。如果你写的内容超过三句，他们很可能就不会回复了。一开始这可能很具挑战性，但最终你会发现可以用极为简洁的语言表达你的意思。只问一个问题，并将这个问题作为正文的结束。这会让收件人记得你的问题，以便他们能尽快回复，不会让他们感受到一封长篇大论内容所带来的压力，那样会需要他们花费超过一分钟时间。最重要的一点是，这会启动双方的对话，你之后就可以抛出更详细的问题或者信息。因为对方已经参与进来了。

（3）**检查拼写**。如果你的拼写能力一般，使用拼写检查工具。拼写错误或语法错误会让你看起来非常糟糕。很简单，但这是真的。

（4）**立刻回复重要邮件**。我过去收到重要邮件时，常常认为在回复之前要花很长时间考虑如何回应。我不想回复不经思考的邮件，传递不完整的信息。因此，我愿意等上一天或者两天，有时甚至一周。这样做会发生两件事：第一，对方认为你没有收到邮件，你不在乎这封邮件，或者你就是一个笨蛋；第二，你可能彻底忘了回复。因此，当我收到重要邮件时，我会立刻回复，即便我不能提供对方所需要的全部信息。我会告诉对方，我没有这些信息，但我会在某个特定时间获得它们，然后再设置一个提醒，确保我能在答应的时间将信息给他们。

（5）**使用"未读"状态**。这是我坚持的一个习惯，我发现非常有用。如果我阅读了一封并不是非常重要、但需要我回复的邮件，我会将这封邮件标注为未读状态，直到我有时间回复或有回复所需的信息为止。每次打开邮件软件，我看到 X 封未读邮件，就知道哪些邮件需要回复。每天至少有一次，我知道自己有时间回复那些邮件（通常是早晨的第一件事），这样我会回头确保每个人得到他们想要的信息。

（6）**知道自己处理得有多糟糕**。如果你发出一封自己认为很重要的邮件，但没有收到回应，考虑一下为什么会这样。往回看看前面的要点，用这些法则跟你的邮件对照一下：你用了描述性主题吗？你邮件的正文中充满了太多信息，或者你采纳三句话法则了吗？你只问了一个问题，或者尽力将更多的问题压缩到三句话里了吗？正文中有拼写错误吗？你的语法糟糕到令邮件无法理解吗？如果你在这些方面都做得不错，那我们来看看第（4）点：与你沟通的人①没有收到你的邮件；②不在乎你的邮件；或者③是个彻头彻尾的傻瓜。有太多的人处理不好邮件，我经常发现自己属于第②种情况。不管别人处理邮件是如何糟糕，你在发送邮件时需要记住的最重要的一条法则如下。

（7）**坚持不懈**。不管别人因为什么原因没有回复你，坚持不懈都是有用的。要做到坚持不懈的同时又不打扰别人，最佳的方式是运用法则（1）、

（2）、（3）。让你的邮件只关乎手头的业务，不要涉及个人情绪——在与那些处理不好邮件的人打交道时，这有点困难。我能提供的最后一点建议，是要记住我们都生活在现实世界中。电子邮件很便利、快捷，但现实情况是并非所有人都使用电子邮件，并非所有人都在乎电子邮件。我知道这种事情很罕见，但如果你与那些处理邮件很糟糕的人打交道，有时候你不得不拿起电话打给他们。

在一个夏日的周六，大卫·科恩在 **TechStars** 博尔德分部的办公室试着"清空收件箱"。

使用免费资源

本·胡（Ben Huh）

本是 Cheezburger Network 的 CEO，也是 Lolcats、Loldogs 和 FAIL Blog 等知名网站的所有者。他逗人发笑的能力要比我们知道的任何人都强。从 2009 年起，本成为 TechStars 的创业导师。

在与所有规模更大对手的竞争中，你要想获得优势地位，就需要让自己的业务比竞争对手更高效。这对我来说相当简单，因为我是个小气鬼。

Cheezburger Network 每天的页面浏览量超过 1 000 万次。幸运的是，我不知道到底需要多少台服务器来支撑这么大的访问量，因为我们用了 WordPress（免费的！）来存放文字内容，用了 YouTube（免费的！）来存放视频。我们在公司内部使用 Google Apps（免费的！）来共享信息，而且每天都会登录 Skype 与来自世界各地的人交谈（免费的！）以及进行视频会议（免费的！）。另外，我们还使用了很多开源应用程序（免费的！）来运营业务。我们的哲学，就是把所有我们不擅长的事情都外包给那些公认的权威及可规模化领先者来做，最好是不需要花钱的。

因为我们坚持这样的行事哲学，所以我们的开发人员把 90% 的时间都花在做一些有价值的事情上，而不是浪费在处理一些复杂的事情上。公司没有任何做 IT 支持的员工，因为那不是我们要做的事。记住，人的本性中有一种倾向，就是崇拜复杂但奖赏简单。复杂性对业务的规模化能力会起到负面作用，你把业务变得越复杂，业务扩展就会越困难。所以要坚持采用那些经过证实的解决方案，并让业务保持简单状态。在某些地方，你可能不得不放弃一些特色，但这可以让公司变得更加灵活。

通过使用免费资源和避免复杂性，你会发现你可以做得更快一些。

≈≈≈≈≈≈≈≈≈≈≈≈≈≈≈≈≈≈≈≈≈≈≈≈≈≈≈≈≈≈≈≈≈≈

每一位优秀的创业者，都会使用本提到的以及其他更多的工具。除了 WordPress、YouTube、Google Apps 和 Skype，参加 TechStars 加速计划的公司还告诉我们，他们一般还会使用以下免费或非常廉价的产品：

- 用于原型设计的 Balsamiq。
- 用于网络会议的 DimDim。
- 用于文件存储和分享的 DropBox。
- 用于存储并管理信息的 Evernote。
- 用于管理联系人的 Gist。
- 用于共享源代码的 GitHub。
- 用于屏幕转播的 Jing。
- 用于确保应用程序在每种浏览器上都能正常显示的 MogoTest（参加过 2009 年的 TechStars 加速计划）。
- 用于事件追踪的 Pivotal Tracker。
- 用于电子邮件发送的 SendGrid（参加过 2009 年的 TechStars 加速计划）。
- 用于与浏览网站的客户交谈的 SnapABug（参加过 2009 年的 TechStars 加速计划）。
- 用于音频会议和电话及短信服务的 Twilio。
- 用于给社区开设论坛的 Vanilla（参加过 2009 年的 TechStars 加速计划）。

≈≈≈≈≈≈≈≈≈≈≈≈≈≈≈≈≈≈≈≈≈≈≈≈≈≈≈≈≈≈≈≈≈≈

主题 3
执行

韬光养晦

杰弗里·鲍尔斯（Jeffrey Powers）

杰弗里是 Occipital 的联合创始人。Occipital 在移动应用程序中使用了最先进的计算机视觉技术，以实现更快的信息采集和检索。在 2010 年 6 月 23 日，Occipital 将它的 RedLaser 产品线出售给了 eBay。此后，Occipital 仍是一家独立的公司。

在 2008 年 12 月，Occipital 的情况异常艰难。我们有一笔 1 万美元的逾期账单，我们的个人银行户头上都没钱了，而且也没有收入。七个月前，我们带着仅比原型产品略强的软件（可以识别纸质收据上的标识）来到博尔德参加 TechStars 加速计划。在第一周，我们就意识到所有人都觉得这项技术很酷，但都很讨厌这个创意。

接着，我们找到了一个所有人都喜欢的更有意思的创意。我们打算创建一个大规模、跨平台、面向消费者的应用，运用人工智能来解决世界范围内的图片管理问题。在 9 月份展示了早期原型产品之后，我们听到不少有利的声音，不过我们最终因为多种原因没有拿到投资。

这次失败也给我们留下一笔重要的资产——让我们变得更为敏感。我们不需要别人的钱，我们已经拥有了所需要的东西，这是计算机视觉方面的核心竞争力，我们认为这个技术领域具有极大的内在价值。但事实上，我们还只是处于这项技术的边缘。我们猜测，只需要在这项技术上稍加挖掘就能将其转化为收入。我们小小地尝试了一下，并于 2009 年 2 月 3 日推出了 ClearCam。ClearCam 是一款定价 10 美元的 iPhone 应用，它借助计算机视觉技术来捕获高分辨率的照片。ClearCam 很受欢迎，我们很快就实现了正向现金流。公司起死回生，假设也得到了证实。

我们再次为公司将发展壮大而感到兴奋。但这一次，我们希望公司能变得更大，从技术上说难度会上升一个数量级。这导致公司几乎与一群经验丰富的创业者合并的地步，而且再一次没能讨得投资人的欢心。我们变得更为敏感，忍辱负重的感觉更强了，于是决定使用比 ClearCam 更多一些的技术。于是就有了 RedLaser，这是第一款真正有效的 iPhone 条形码扫描器，因为它使用了计算机视觉技术来对图像模糊进行补偿。

新产品赢得的市场反响震惊了我们，RedLaser 在苹果应用商店的付费应用排行榜上连续好几个月都位列前五名。现在，我们对所专注的技术领域比以往任何时候都更有信心。我们在消费者群体中的声誉不断提升，而且手头的资金也让我们不再担心公司会夭折。

通过韬光养晦并在技术上努力进取，我们看到 Occipital 的价值获得了显著提升。现在，我们已经找到了一条有效的发展路径，最终可以开始构建一个公司史上最强的团队了。

≈≈≈≈≈≈≈≈≈≈≈≈≈≈≈≈≈≈≈≈≈≈≈≈≈≈≈≈≈

杰夫和他在 Occipital 的联合创始人维卡斯·雷迪都是自力更生的创业者代表，每一期的 TechStars 加速计划里好像都有一个这样的团队，Occipital 赢得了 2008 年度 TechStars 博尔德分部的自力更生奖。正如你刚才所读到的，在推出大受欢迎的 RedLaser 之前，他们好几次差点因为资金断流而破产。随着 RedLaser 的腾飞，有很多不错的投资意向摆在他们面前，但他们已不再需要外部资本，所以选择了拒绝。

尽管杰夫和维卡斯正在创建一家有趣的移动电子商务公司，不过他们还想在其所热爱和擅长的计算机视觉和增强现实技术领域内尝试更多超越 RedLaser 的挑战。在他们的发展历程中，也接到过一些对其公司进行收购的意向，不过他们只想出售 RedLaser 这个产品，而不是这家公司。幸运的是，他们找到了 eBay 公司这个买家。eBay 对 RedLaser 非常感兴趣，而且不要求杰夫和维卡斯继续长期参与其中。关于收购条款很快就达成一致，eBay 收购了 RedLaser。

有了这次出售，Occipital 基本上不再需要募集外部资本了。杰夫和维卡斯现在手头的资金非常充足，并正在扩充他们这支非常有趣的团队，追寻其宏大的愿景。在真正强大起来之前，他们一直韬光养晦，确保自己"小而不死"，直到不需要继续低调为止，这也给他们带来了可观的回报。

2008 年，在博尔德的一场新技术交流会上，Occipital 公司的杰夫·鲍尔斯和他的联合创始人维卡斯·雷迪在回答问题。

别庆祝错了事情

罗布·约翰逊（Rob Johnson）

罗布是 EventVue 的联合创始人。这家公司通过为活动提供在线社区以及推动会议注册来为会议组织者提供帮助。在参加了 2007 年的 TechStars 加速计划后，EventVue 从天使投资人那里募集到了 50 万美元，不过最终还是关闭了。

所有创业公司都有太多的选择。创业公司面临的基本挑战是：选择什么客户？解决什么问题？源源不断地向用户提供什么？ 最近出现了好几种方法论，比如埃里克·莱斯的精益创业法，它可以帮助创业者制定关键的市场和产品决策，推动创业者朝着既定目标实现快速增长。但是，这些方法都不能直接解决创业中的一个绝对核心的问题——如何让所有人对你的公司感兴趣？

通过创办 EventVue 的切身体验，以及观察其他参与 TechStars 加速计划公司所得到的经验，我理解了创业公司维持和提升动力的魔法，就是搞清楚应该庆祝什么。如果在重要的时间庆祝了重要的事情，那么你的团队、支持者和投资人都会推动你继续向前。如果你庆祝错了事情，那么离成功还遥遥无期的时候，你便会从梦中惊醒。

如果对某些事情的完成进行告知和纪念非常重要，那么你怎么知道要庆祝什么呢？ 为一次事件庆祝总是很诱人的，在 EventVue 创立之初我们确实做过这样的事。在完成第一轮天使融资之后，我们召集所有投资人、团队和朋友，举办了一场融资派对来庆祝。尽管这是公司发展过程中的一个重要里程碑，但我们其实离成功还很遥远，还需要花更多的时间继续工作。当我们在派对的第二天继续工作时，我们的顾客、用户或是收入并未较前一天有所增加。虽然我们已经通过公开的方式聚集了热情和关注，但对于如何维持，我们并未取得任何实质性进展。

主题 **3**

执行

105

因此，如果说第一轮融资并不一定是应该大肆庆祝的时刻，那么客户增长就值得庆祝了，对吗？对此你也必须注意。在 EventVue，总有一些技术会议会让我们垂涎一整天，想把他们签成客户。在这一天终于到来，我们成功签下其中某一场会议之时，我走上台，向当前和未来的投资人宣布这一消息，然后带团队一起共进晚餐，宣布我们现在已经是市场领先者了。我们对签下这种有声望的客户感到非常自豪，想显摆一下。那时候我们其实没有意识到，我们并没有真正弄清楚该如何发展业务。我们因为获得一个客户而庆祝，却不知道如何得到所需的更多、成百上千的客户。

每次庆祝时，我们都是告诉团队、投资人和市场："这就是重要的事情，我们已经把它实现了！"这是暗含在任何庆祝中的信息，只有在你能持续取得实际进展时，才会为你带来能量、认识和动力上的巨大回报。如果在庆祝后没有继续取得有意义的进展，那么你就是欠下了能量、动力和信誉上的债。因此，一定要确保你庆祝的是能带来可重复业务的实际进展。

当然，每个人都喜欢（也需要）积极的反馈。你当然应该在重要的产品版本发布之后向团队表示祝贺，但应该把开香槟的日子留到每周都能按时发货的那个月。在签订大合同之后，要记得销售人员的功劳，但聚会还是等到第一次连续两季度完成目标之后再说吧。

怎样庆祝在很大程度上会决定公司的企业文化，要确保所庆祝的事情对公司的长远发展是至关重要的。

≈≈≈≈≈≈≈≈≈≈≈≈≈≈≈≈≈≈≈≈≈≈≈≈≈≈

创业是艰难的，而且很多创业公司都会失败。罗布和他的联合创始人乔希·弗雷泽（Josh Fraser）为 EventVue 开了个好头，而最终却决定关掉这家公司。他们在公司博客上公开发表了一篇几经思考的检讨，宣布并解释了这一决定，并展示了从失败中学到的不比从成功中学到的少，通常还会更多。检讨书全文如下。

很不幸，我们最终决定关掉 EventVue，非常感谢各位对 EventVue 的大力支持。很多人都曾帮助过我们，为我们欢呼过，也质疑过我们。

我们深信，失败可以教导我们并帮助我们提高。事实上，我们现在更清楚地理解了为什么有那么多提给创业者的建议，因为失败过的人都不希望别人重复他们的错误。本着这种精神，我们将公开分享EventVue的失败检讨。

在过去的三年里，我们在会展行业尝试过不少产品和市场，不过并没有在业务上取得多少增长。我们用来募集第一轮资金的产品是用于会展的专用社交网络。在TechStars加速计划期间，我们有了一位早期的非付费客户，他在技术人员会议上试用了EventVue社交网络。通过这次会议，我们见识了EventVue的强大用处，并利用那些数据向一位投资人讲了一个故事，从而完成了第一轮的天使融资。当时，我们没有考虑或理解让大量会议组织者使用EventVue所带来的挑战。从内心来讲，我们开始觉得需要为客户创造更多价值，而不只是想"我们要帮助你们的参会者结识更多的人"，所以我们把EventVue定位为一种让更多人参加会议的工具。

在获得投资后，我们没有将资金投入到产品功能上，让EventVue直接驱动人们参与会议（事后证明我们错了），而是直接将我们的社交网络工具销售给会议组织者。在后来的九个月里，我们也曾通过这样的方式找到过一些客户，取得过一些让我们继续前进的成果。我们不得不将产品资源投入到网站的重建中，以处理一两个大型会议。不过，因为我们基本上都是通过朋友间的引荐来寻找客户的，所以并不了解一般的会议组织者想要什么，也不清楚如何用"专用社交网络产品"以一种灵活的方式将他们发展成我们的客户。

后来我们认识到，可以采取较低的价格（可有可无的价值主张带来的副作用）和较长的销售周期（会议组织者会提前半年或更长的时间筹办会议）相结合的方式，这意味着如果我们继续采取企业直销的模式，就肯定得跟在会展行业巨头（那些举办数百次会议的大型机构）的屁股后面走。我们希望签一个行业巨头就能接到无数会议的订单。我们也取得过进展，尽管签过一些大客户，却始终没能实现我们所希望的"企业级规模的订单"。不过，"签大户"的战略以及坚持到底的态度，还是让我们在去年圣诞节前完成了一轮估值下降、额度减少的融资，当时还处于"逝去的好时光"报告所带来的混乱期间。

由于企业客户的业务开始拖后腿，我们最终决定去做一些我们早就该做

主题 **3**

执行

的事情。于是，我们决定启动第一次产品重大转型。在去年冬天的 VCIR 会议上，我们制订了产品计划，想要打造一款有望为会议带来更多参会者的产品。那时候，我们将目标总结为：验证会议组织者会为新增的参会人员支付服务费，验证我们的小工具可以带来新的参会者，验证我们能让 100 位会议组织者安装我们的小工具。初夏过后，我们实现了第一步目标，开发了小工具（EventVue Discover），但在第二步目标上碰了大钉子（Discover 使第一批客户亏了钱），压根儿就没能走到第三步。

我们从未对 Discover 这个转型产品全力以赴（事后证明这是我们的另一个错误），而是继续销售 EventVue Community 产品，以获得收入维持公司。我们开始注意到，社区产品的用户喜欢使用我们的"chatter"（闲聊）功能对会议发表一些实时评价。因为 Discover 失败了，所以我们决定简化产品，将 EventVue 专注在会议中的实时交谈上。从去年 11 月起，我们就已经构建了小工具版和网站版的实时会议交流应用。这是我们的第二次产品重大转型。

我们上周重新启动了 EventVue，提出成为"实时会议讨论的最佳方式"，只专注于我们的社交网络中很受欢迎的闲聊功能。这真是背水一战，因为我们已经没有资金了，而且需要靠做咨询工作来维持。不幸的是，我们没有看到足够的市场需求让我们愿意继续开展 EventVue 的工作。市场需求真是太少，而且太迟了。

我们的致命战略错误如下：

- 在拿到第一笔投资后，产品尚不成熟时，就急于开展销售工作。
- 在处理"可有可无"的问题上拖泥带水。
- 采用了不可持续的低价企业级客户直销模式。
- 没有让 EventVue 变成人人都可以使用的自助产品。

我们的致命文化错误如下：

- 没有早点重视学习和快速失败。
- 对如何营销 EventVue 的问题没有给予足够关心或重视。
- 在早期的招聘中做出妥协，选择了一些才华和能力不够到位的人。

还有很多，不过这些是我们印象最深的几条。很多人告诉我们，失败是最有效的老师，我们坚信对 EventVue 来说也是如此。

对我们而言，EventVue 是一段有趣的旅程。再次感谢大家在过去几年里对我们的支持。

EventVue 的罗布·约翰逊和乔希·弗雷泽在博尔德的月度新技术交流会上。

具体一点

布拉德·菲尔德

布拉德是 Foundry 集团的董事总经理,也是 TechStars 的联合创始人。

有一家我参与小额投资的公司,最近一直在努力发布其最新版本的软件。几周之前,我碰见他们的 CEO,他抓住我并对我说:"我们马上就要上线了。"我看着他,问:"什么时候发布?"他的回答是:"星期五。"

我嘲笑地嘘了一声,然后说:"星期五什么时间?"他就像看外星人那样看着我。我只好明确地问他:"你是说星期五的凌晨 0 点 1 分,还是星期五下午 4 点 59 分,还是说星期五晚上 11 点 59 分?"接着我又更明确地说:"还有,我指的是山区标准时间。"[⊖] 我们都觉得,星期五晚上 11 点 59 分是个不错的时间(他们错过了这个时间,但几天之后还是发布了)。

在我的第一家公司(菲尔德科技),我们的客户群都知道,我们经常每周都发布好几个不同的软件版本。我们是一家定制软件公司,却在项目中使用了非常传统的软件工程方法。在很长一段时间内,我们都使用日期来标示发布时间(比如"星期五")。我们经历了太多次晚上 11 点 59 分的发布,客户显然不再愿意死等在办公室里,结果错过了快递的最后时限(那时候因为调制解调器传输文件速度特别慢,所以我们都是把软件光盘快递给其他州的客户),所以我们知道了发布要包括日期和时间。我们也明白了,外部发布的日期比内部发布日期要晚至少一天,

---

⊖ 山区标准时间是指美国和加拿大落基山脉地区的时间,比太平洋时间晚一小时,而比中部时间早一小时。——译者注

尤其是对那些带有实时数据的系统来说。我们还知道，一个星期之中适合发布的日子是星期二、星期三和星期四。至于原因，就请你们自己去想吧。

　　与新兴创业公司和初次创业者共事的过程中，我看到人们一次又一次学到这样的教训。我觉得，在真正融入现实世界的过程中，软件领域的创业新手要学习无数的东西，这只不过是其中的一部分。"具体一点"是很重要的，不只是发布日期的问题，还关系到你承诺去做的任何事情。

主题 3
执行

111

从失败中学习

弗雷德·威尔逊（Fred Wilson）

弗雷德是 Union Square 风投的主管合伙人，也是 Twitter、Zynga 和 Foursquare 等公司的投资人。从 2008 年起，弗雷德成为 TechStars 的创业导师。

Photo Courtesy of Union Square Ventures

"你不能被失败左右，而是要从失败中学习。你必须从失败中看到下次如何做得有所不同。"

——来自美国前总统巴拉克·奥巴马的"开学典礼演讲"。

这句话太正确了！不过我是花了一些时间才明白这个道理的。

我刚开始在风险投资行业工作时，很害怕犯错。一旦开始投资并进入被投公司的董事会，我就会特别努力地工作，以避免赔钱。在近十年时间里，我都没有做过一笔赔钱的投资。

然后，在互联网泡沫破裂后，形势就急转直下了。从 2000 年年末到 2002 年年末这短短两年的时间里，我们有近 20 笔投资都打了水漂，损失非常惨重。

不过，当我回顾自己的职业生涯时，我想的最多的并不是所获得的成功，而是经历的失败，尤其是那喝凉水都塞牙缝、所有能出问题的事情都出问题的两年。

2003 年，当我与合伙人布拉德·伯纳姆（Brad Burnham）创办 Union Square 风投时，我们制定了指导公司发展方向的路线图：想要创建怎样的一家投资机构，打算投资什么样的公司，以及如何看待互联网的未来发展。这个路线图很大程度上源于我们在互联网泡沫破裂后所得到的教训。

我觉得，美国成为非常适合创业的地方，勇于接受失败的态度是原因之一。在世界上的很多地方，如果你失败一次，那么就再也不能翻身了。人们会对你避之不及。不过在美国，失败几乎相当于荣誉勋章。对此，我们的总统解释了原因。

当我们与创业者沟通时，我总是对他们的失败很感兴趣。大多数人都失败过，你只要稍加挖掘，就能了解这些失败经历。如果某人失败了，并花时间从失败中学习，我会觉得这是一种很积极的态度。在他们的下一次创业时给予支持，这会让我们感到更加兴奋。

所以，别害怕承认失败。要把失败当成荣誉勋章一样展示出来。最重要的是，要从失败中学习。

主题 3
执行

弗雷德·威尔逊（左）在 **2008** 年 TechStars 博尔德分部的项目展示日上，
跟 **Foundry Group** 的杰森·门德尔松及 **Next Big Sound** 的亚历克斯·怀特交流。

质量高于数量

安迪·史密斯

安迪是 DailyBurn 的联合创始人及 CEO。DailyBurn 是首屈一指的健身社交网络，让用户可以追踪健身情况、在线问责和相互激励。DailyBurn 在参加了 2008 年的 TechStars 加速计划之后从天使投资人那里筹集到了 50 万美元，2010 年被 IAC 收购。

Photo Courtesy of ThisWeekIn.com

"功能蔓延"这个词听起来就能把人吓死。

如果你是一位技术型创业者，那么请听仔细：要让你的初创公司获得成功，你不需要设计一大堆的新功能。相信我，我了解这种情况。

DailyBurn（在 TechStars 时我们将其称为 Gyminee）的两位创始人都是技术极客。当然，我们的本能就是始终关注我们的产品，看看还欠缺些什么，然后就努力地迅速打造下一个杀手级功能，期望可以神奇地让所有用户都转变成付费用户。这是所有创业公司都会面对的问题，尤其是那些全是技术开发人员的创业公司。

大多数技术型创业者都有能力迅速打造一大堆的功能。对我们来说，一鼓作气写一些代码，并在几小时内在网站实现上线运行，这并非难事。不过其中很多功能并不重要，而且经常对产品有负面效果。

那么，打造有用、有意义功能的背后有什么秘密呢？

首先，要专注于易用性。你的网站和新功能必须非常容易使用，并在外观设计上具有吸引力。如果你想一次性推出一大堆新功能，那么给人的感觉就不会太好，而且会造成产品粗糙不堪、难以使用。DailyBurn 最令我们感到自豪的一个地方，就是我们让产品非常容易使用，同时外观看起来也很不错。我们意识到，跟踪健身情况和食物摄入量的网站并不是一个惊天动地的创意，市场中还有很多网站也在尝试做跟我们同样的事情。我们能够获得发展的原因，就在于我们让用户可以极其简便地在我们的网站上记录他们的健身情况。

其次，把一件事做好。如果你想实现所有想到的功能，那么结果就是推出毫无特色、没有机会获得成功的产品。在启动 DailyBurn 时，我们专注于一件事，而且只专注于一件事——做一个让用户可以跟踪实际结果的社会化健身跟踪工具。我们做好了这件事，获得了受众，然后倾听用户的声音。一批又一批的用户强烈需要食物和营养跟踪功能，所以我们花时间打造了高品质的营养跟踪功能。因为我们很注重质量，所以现在的食物跟踪工具甚至比健身跟踪工具还要受欢迎。

最后，要听取一些（但不是全部）用户的意见。用户有反馈是挺好的事情，但也不能全都听。我们早期收到过很多对功能的请求（现在每天还能收到数百个请求），如果只试图去实现其中的一部分，那我们也会淹没其中的。所以，你必须要勇于对你的用户说"不"。

想知道秘诀吗？假设你在开发的下一个重磅新功能，只能将少量新用户转变成付费用户，不能在下周为你带来一份大额收购的要约。事实上，你正在开发的重磅功能还可能是一次彻底的失败，并可能让你失去用户。请衡量每一种新功能的影响，这样才能确切地知道每种功能所能带来的效果。

专注于质量，而不只是数量。要做一些能让你自己（而不只是你妈妈）引以为傲的东西。

≈≈≈≈≈≈≈≈≈≈≈≈≈≈≈≈≈≈≈≈≈≈≈≈≈≈≈≈≈≈≈≈

质量优先于数量的态度，决定了 TechStars 向其他城市的扩张。当 TechStars 在博尔德市启动时，我们不知道它是否能成功。在第一年之后，就有大量创业者和天使投资人询问有关在美国其他城市开展 TechStars 加速计划的事情。我们考虑了这件事，认为我们在扩张之前还有很多事情要做，所以决定第二年也只在博尔德开展一期加速计划。

安迪·史密斯在 **2008** 年 **TechStars** 博尔德分部的投资人展示日上
做 **Gyminee**（现在是 **DailyBurn**）的项目演示。

　　如果说第一年的 TechStars 很不一般，那么第二年就可以称得上非同凡响
了，这一次又有很多人询问在其他城市开展 TechStars 加速计划的事。我们鼓
励其他人自己来做类似的项目，通过分享我们的创意、文档和方法将 TechStars
加速计划开源化了，不过我们还是决定暂时只在博尔德开展 TechStars 加速
计划。

　　在发展过程中，比尔·沃纳就在波士顿开展 TechStars 加速计划的事与我
们进行了接触。鉴于布拉德在波士顿生活了很长时间，这要比在一个完全陌
生的城市开展 TechStars 加速计划舒服得多。而且比尔就是质量的保证，因为

我们知道如果比尔加入了，他会很认真地执行好我们的工作。所以在 TechStars 成立的第三个年头，我们决定在波士顿开设第二个 TechStars 加速计划。

在第三期博尔德加速计划和第一期波士顿加速计划之后，我们很快就淹没在了在其他城市开展计划的请求之中。我们对此考虑良久，认识到如果我们想要更快地扩张，可能单在美国就需要开展至少 50 个 TechStars 加速计划。尽管看到很多其他类似项目也起步了，我们还是一心关注质量。因此我们认为，对我们而言，完成高质量的工作，并让大多数创业公司都能变得优秀，要比追求数量更为重要。有着这一点认识，我们决定核心 TechStars 加速计划最多只在四个城市开展。

这种对质量的专注，也为 TechStars 带来了其他有趣的机会，其中有一些就开始铺开了，比如 TechStars 全球加盟（TechStars Global Affiliate）项目。持续专注于质量，我们拒绝了很多机会。不过当决定去做一些事情时，我们有信心将它做好。我们认为，所有的创业公司都应该有这样的想法。

≈≈

主题 3
执行

对行动有所偏爱

本·卡斯诺查（Ben Casnocha）

本是一位创业者，也是《我在硅谷的创业人生》（*My Startup Life*）一书的作者，他从 2007 年起成为 TechStars 的创业导师。

学习专家认为，最佳的学习方式是在实践中学习。当你做某一件事情时，比如打电话跟潜在客户交谈、发布一个原型产品、发送第一本宣传册，你学到的东西要比你只是想想时多得多。例如，测试创业的想法是否有效，最佳的方式就是自己启动业务并迅速观察市场的反馈。

最出色的创业者已经养成了在实践中学习的习惯。正如我的朋友乔希·纽曼（Josh Newman）所说，创业只需两步——开始以及坚持。大多数人止于第一步，因为空谈很容易，写商业计划很容易，在聚会上和朋友聊起创业想法也很容易，不过采取行动（启动、做事）就难了。

行动很难，因为当你采取行动时，结果可能证明你的行动是错误的。没关系，当你对行动有所偏爱时，就会不断做出决定，而其中一些决定肯定会有不良的后果。英特尔公司的创始人安迪·格鲁夫（Andy Grove）说过，商业成功的关键就是做出大量的决定，并在你认识到错误时非常迅速地纠正方向。始终行动，并充满信心。如果发现自己做出错误的行动，就要时刻准备着重塑你的思维。

行动很难，因为你会对自己敷衍了事。有时候你可能会想："如果再等一段时间，我就会获得更多能让我做出更佳决定的信息了。"不！科林·鲍威尔（Colin Powell）将军[⊖]在陆军服役时，曾告诉他手下的那些指挥官，他希望他们在有 40% 的可利用信息时就做出决定。下次当你觉得还需要更多时间来搞清是否应该创办

⊖ 美国第 65 任国务卿，也是美国第一位黑人国务卿。他曾在美国陆军服役 35 年，官至四星上将。——译者注

公司、推出新产品或是给你敬重的 CEO 打电话时，考虑一下鲍威尔将军的话吧。

行动很难，因为自律是很难的。采取行动需要自律，真正静下心来做一件事。因此，让别人来约束你吧。告诉朋友和家人你打算做什么，再让他们督促你。外部监督的作用是非常好的。

主题 3

执行

本·卡斯诺查给参加 2008 年 TechStars 加速计划的公司讲述差异化思考。

不过，我可不做任何保证啊。

美国西南航空公司的创始人赫伯·凯勒赫（Herb Kelleher）说："我们有一个战略计划，那就是做实事。"作为一位创业者，你应该用"创业计划"代替"战略计划"，然后坐下来深入思考。

美国职业橄榄球大联盟（National Football League，NFL）教练比尔·帕塞尔斯（Bill Parcells）在每场比赛之前，都会在更衣室里贴上一个标志。"不抱怨别人，不期待任何事，做实事。"即便是当今世界上最精英的运动员，也需要有人提醒他们做实事！

马克·吐温说过："我们更多的是后悔没有做的事，而不是做过的事。" 比糟糕的结果更具伤害性的是这样的话："我想知道如果……结果会怎样？"

那么，你还在等什么呢？

做或者不做，没有试试看

布拉德·菲尔德

布拉德是 Foundry 集团的董事总经理，也是 TechStars 的联合创始人。

当我长大了，我想成为《星球大战》里尤达大师那样的人（除了他那矮小的绿色身体）。在此之前，我将尽我所能，将他的哲学融入我的生活。

$ 做 || ! $ 不做；试试看

试试看：找不到此命令

创业唯快不破

我一直觉得尤达大师的这句台词就是我生活方式的一个缩影。从小开始，我从来就没真正理解"试试看"是什么意思。我做过很多的事情，也品尝过很多失败。不过，就算失败了，我也会将其视为我已经"完成了这件事"，只不过是没有成功罢了。当我想掌握一些事情时，就会拼命去做。我不是以试试看的方式去做，而是真正投入去做，并接受与成功相伴的失败。

多年以来，我听到过很多人说，"你应该试试这个"或者"你应该试试那个"。有时候是些很琐碎的事（比如，你应该试试鹅肝酱），而有些时候则是复杂的事情（例如，你应该试试学习弹钢琴）。我的父母很早就教育我，"不"或者"我不感兴趣"都是可以接受的答案。所以在面对新东西时，我很少有胆怯的感觉。我也开始明白"喜好"（例如，尝试鹅肝酱，看看自己喜不喜欢）和"成就"（试着学习弹奏钢琴）之间的差异。我认识到要想获得成就，喜好并不重要。但反过来就不一样了，要想获得喜好，成就则关系重大。具体来说，就是不管你是否喜欢，你都能成就很多的事情；而当你尽力去成就某件事情时，你对它有喜好是非常重要的。

现在，想想这样一句话："你应该试试创业。"这到底是什么意思呢？"你应该尝试创立一家公司"或者"你应该尝试打造一款产品"还是"你应该试试看把一些东西卖给某人"。试试看？真的吗？如果你喜欢创业，或者说你觉得自己喜欢创业，那么只管去做就好了。你可能会失败，但没关系，这只是过程中的一部分。如果你创立的公司最终失败了，你仍然是一位创业者，你的下一步行动应该是创立另一家公司。

如果你不喜欢创业（或者更具体地说，你对创业不感兴趣），你就根本没资格创立一家公司。创立公司是一件特别难的事，需要很多方面的投入。最终，你并不是真的在"尝试创立一家公司"——你要么就是在创立，要么就是没创立。

做或者不做，没有试试看。

主题 **3**

执行

121

主题 4　产品

从外部人的角度来看，创业公司通常与他们的产品是等同的。毕竟，产品就是多数人与你公司唯一的联系。因此，如果产品很差劲，那么你的公司也就很差劲。我确定你会认同，大多数产品（至少对互联网产品来说）是很差劲的。你自己估算一下吧。

我们在 TechStars 时，经常会谈论创业公司的头号杀手——推出没有市场需求的产品。TechStars 每年从 600 多家提交申请的创业公司中，只会优中选优地接受其中 10 家参与加速计划。即便这样，我们还是会发现入选的创业公司中至少有 1/3 是在尝试打造一款他们自己想要的产品，或者没有人想要的产品，而不是市场想要的产品。每一年，在 TechStars 都会发生一件重要的事情——旧产品夭折，新产品诞生。在 TechStars，你没法躲避市场需求的匮乏。它会悄然降临，并威胁你公司的生存。

我们所知的最优秀的创业者，都醉心于他们的产品。曾任 FeedBurner 公司 CEO、现任 Twitter 首席运营官的迪克·科斯特洛（Dick Costolo），每天早上起来就满脑子都想着他的产品。首轮资本的罗布·海耶斯（Rob Hayes）会讲讲产品不对路时该如何调整。MyBlogLog、Gnip 和 OneTrueFan 的创始人埃里克·马科利尔（Eric Marcoullier）则提醒我们要定期放弃一些东西。

你会看到，这个主题中的大部分内容都是在介绍如何确定合适的产品，而不是讲有什么诀窍去打造你心目中的合适产品。正如他们所说，那是特色，而不是故障。

别等到你为产品自豪再拿出手

阿杰·库尔卡尼（Ajay Kulkarni）和安迪·张（Andy Cheung）

阿杰和安迪是 Sensobi 公司的联合创始人，这家公司旨在制作更好的手机通讯簿。2009 年，他们参加了的 TechStars 加速计划。

创业公司就像乐队一样——没有粉丝（或用户或客户），就几乎是一无所有。起初，我们认为打造一家公司是一个线性的过程——制造产品、向用户收费，然后他们付钱给你。如果你是在某个现有的行业创立一家提供现有产品的公司，比如开一家咖啡店，那么这种模式是行得通的。不过，技术创业者不是生活在那个世界的人——我们生来就是要创新的，要打造的是可以改变既有行业或是创造崭新行业的新产品。

如果你是在创新，那么实际上就不知道需要将产品设计成什么样子。除此之外，你的客户也不知道。确切来说，是没人知道。不过你所知道的是，市场中存在一个问题，而合适的产品能够解决它。通过快速迭代（试验及纠错），便能搞清楚。你基本上就是在做实验，而对这些特殊的实验来说，你需要测试的对象。你还需要用户，尤其是那些因为相信你的愿景而想要参加实验的用户。

刚进入 TechStars 时，我们有一个能够运行的试用版本，但没有用户。我们自认为很清楚目标用户是谁，我们产品的目标是帮助那些专业人士管理他们的重要人脉。我们最初认为销售人员是最需要我们产品的人群，这对我们产品的路线图和定位有很大的影响。我们甚至特意围绕销售人员设计了应用的使用模式。

接着，在 TechStars 波士顿分部的董事总经理肖恩·布罗德里克（Shawn Broderick）的推动下，我们推出了 beta 版的应用，有很多人下载了应用。我们追踪了使用情况，进行了调查，采访了高级用户，并每两周就迭代一个新版本。

让我们惊讶的是，在早期用户群中，那些喜爱我们的应用并每天使用的核心用户里，只有少数是销售人员。而每个使用该应用的人，都看到了拥有更牢固人际关系的价值。

早期的测试用户帮助我们认识到，有各种各样的专业人士需要依靠人际关系来开展业务。而实际上，他们中只有极少数是做销售的。这让我们根据更广泛的用户群，重新考虑了我们的产品和营销计划。

我们尚处于早期阶段，没有实现收入，并未完全把产品的事情搞清楚。不过我们已经意识到，自己也不清楚我们到底有哪些事情还不了解。只有通过与用户的交流，我们才能搞清楚。

你需要有意识地让产品毫无保留地公之于世。对完美主义者来说，你要能抵挡将产品"再完善一点"的诱惑。在你自己当老板时，将发布日期推迟是一件很容易的事，但别这样做。我们的导师德哈米斯·沙哈告诉过我们："如果你没有发布你满是 bug 的蹩脚产品，那就太迟了。"

≈≈≈≈≈≈≈≈≈≈≈≈≈≈≈≈≈≈≈≈≈≈≈≈≈≈≈≈≈≈

拥有一款伟大的产品，并不是说要年复一年地把产品掖着藏着，然后不断改善。正如阿杰和安迪指出的，早点发布并经常发布产品，是弄清怎样让产品变得伟大的关键所在。他们并不害怕将早期版本公之于众，而且在发布之后，他们直接从用户的亲身体验中所获得的反馈，要远胜于团队就用户究竟想要什么闭门讨论几个月。

在 TechStars，我们鼓励大家都使用敏捷软件开发方法，使用 Rally Software 之类的公司提供的真正的敏捷项目管理工具，从而至少每两周进行一次产品发布。一些公司在不断开发的过程中渐入佳境，他们一天就能对其应用进行多次修改。不管具体做法怎样，都要将你的产品迅速地交到用户手中，再加上定期更新，这才是打造伟大产品的关键。

≈≈≈≈≈≈≈≈≈≈≈≈≈≈≈≈≈≈≈≈≈≈≈≈≈≈≈≈≈≈

找到你的空白

拉杰·阿加沃尔（Raj Aggarwal）

拉杰是 Localytics 的联合创始人及 CEO，Localytics 是一家手机应用分析服务提供商。在参加了 2009 年的 TechStars 加速计划后，Localytics 从天使投资人那里获得了 70 万美元的投资。

垄断企业一般不太担心差异化的问题，但创业公司可承受不起这种奢侈。几乎每家创业公司都必须找到方法，让自己与竞争对手产生差异，不管是位置、服务、价格、产品功能还是其他什么。随着竞争的加剧，你对差异的需求也在增加。在相对拥挤的市场里，这会变得更为关键。因为只有当你产品的差异性足够明显时，才能在竞争中脱颖而出。

在 2008 年秋到 2009 年春的这场金融危机中，很少有人考虑新的细分热门领域。但还是存在一些令人瞩目的细分市场，其中包括期盼已久的智能手机的出现。2008 年初，由于苹果公司的 iPhone 和 App Store 的带动，开发人员都忙着为这个新平台开发应用，我们则创办了 Localytics 来为这些手机应用开发人员提供分析服务。当时，针对手机应用使用情况的分析数据纷乱繁杂，我们从中看到了相关需求。我们从一开始就与几位手机应用开发者密切合作，了解他们想要什么以及他们愿意为何种服务付费，并创建了能解决他们需求的服务。

在接下来的几个月里，新的竞争者进入了这一市场。每家新公司都给我们带来了一些痛苦，并引发了与我们业务可行性有关的问题。通过深入了解竞争对手的解决方案，我们发现这些竞争对手很明显是针对中端机的长尾市场，而我们可以有所差别，瞄准高端市场。大品牌和大企业创建应用的需求是独一无二的，我们将努力的方向重新调整为满足这些客户的需求。尽管这个市场尚处早期，而且移动分析市场仍在形成之中，但我们的差异性已经足够明显，所以很多顶级应用

主题 4
产品

125

发行商都选择与我们合作。

回头来看，我们在寻找市场空白时所做的事情，可以归结为以下几点。

首先，我们确认了目标市场，并通过与尽可能多的业内人士交流来研究这个市场。这样，我们找到了一些热情的早期客户，并开发出了能满足他们特定需求的产品。

其次，我们经常与他们反复交流，并丝毫不担心根据他们的反馈重新定义我们的产品或市场重点。这个过程让我们明确了一点，我们的竞争对手没有满足那些顶级应用发行商的需求，而我们将所有的产品、营销和销售精力都放在解决他们的需求上。

再次，在克服了自己最初对竞争对手的担忧之后，我们不再担心他们。我们只是尽可能多地了解他们，以确保我们之间有着明显的差异。具体来说，就是对某些客户来说，为什么我们的服务更好。

在一个相对拥挤的市场里创建一家创业公司，这是一件可怕的事情，而且创业公司通常要经历的起起伏伏也会被放大。要认识到，市场拥挤的原因在于该市场中有着很大的增长机会。如果你对客户和竞争对手非常了解，那么空白是什么，以及需要做什么才能填补这个空白，都会变得显而易见。

~~~~~~

关于寻找空白，拉杰和他的团队做了一些我们鼓励每个 TechStars 团队都去做的事情——极度关注竞争对手，但并不畏惧他们。拉杰从一开始就去研究每个对手的产品，他跟那些竞争对手建立了关系，跟他们交流，并会寻找方法与他们合作。虽然他不知道这样做会得到什么结果，但至少他能更好地了解对手，帮助他更清楚地界定他的空白领域。

我们经常会遇到一些将竞争对手奉上神坛的创业者。他们不是去了解竞争对手并与对手建立联系，而是在心里编织着与对手有关的故事。他们相信在博客上看到的所有内容，让谣言和影射左右他们，结果对他们的行为、抱负和目标产生影响。

在很多情况下，你的竞争对手甚至不知道你的存在。这就让早期创业公司拥有了一个巨大的优势，因为你可以从他们所做的事情以及他们谈论市场及客户的方式中学到不少东西，并从不同的角度来看待这些事情。与此同时，不要害怕接触和了解自己的竞争对手，因为这样做有可能会带给你惊喜。

2009 年，拉杰·阿加沃尔与 Localytics 团队在波士顿。

主题 4
产品

专注重要的事情

迪克·科斯特洛

迪克是 Twitter 的首席运营官，之前是 FeedBurner 的联合创始人及 CEO。FeedBurner 于 2007 年被 Google 收购，而迪克从 2007 年起担任 TechStars 的创业导师。

Photo by Kenneth Yeung, thelettertwo.com

任何规模的公司都很容易失去专注，去追逐一些光鲜的事情，而不是确保自己聚焦在已经明确的最重要的事情上。对于一家规模尚小且开始获得影响力的公司来说，这是最为危险的。人们在呼喊你！其他公司知道你是谁！记者知道你是谁！公司发展到这个阶段，每天都会有很多机会让公司失去专注。偏离发展战略但可能带来大量收入的大规模金融机会出现了。那些与你现在所做的事情不大相关，但可能会为公司提供真正的提升和发展势头的战略机会也出现了。每一天你都会考虑，如果调整下星期、下个月或下个季度的一些优先事项，可能会带来哪些进展。

2005 年，当 FeedBurner 开始受到欢迎时，我们招聘了第一位业务发展总监瑞克·克劳（Rick Klau，目前在谷歌运营 Blogger）。他偶尔会找到我，并对我说："××公司会给我们支付很大一笔钱，用他们的信息流来做这件事。我们此前从未真正谈论过此事，不过这是个很好的机会，而且真的是一大笔钱。"我的反应（最终也成了瑞克的反应）是："我们已经获得了所有的信息流了吗？没有？好吧，那让我们先把精力放在获得所有的信息流上。第一步就是获得所有的信息流。别用给我更多的信息流来诱惑我，把诱惑扔到一边去。"

我的意思是，作为公司，我们的第一要务是赢得市场份额。我们有一些竞争对手，而且我们知道，可能需要很大的市场份额才会有围绕广告而来的媒体机会。在公司发展的早期阶段，市场份额和市场渗透率都是非常重要的。你要专注于一开始所做的事，这说起来很容易，但当你正花着钱，而突然间有笔惊人收入摆在你面前的时候，你必须要有保持专注的勇气。如果你有自己的计划，而且还没发现计划行不通，那么还是严格遵照计划，并尽快执行，从而让你能测试计划中的假设。

专注于重要的事情，并不意味着你应该固守战略并且永不改变。关键是要尽快测试计划中的假设，从而了解是不是需要改变方向，以及何时需要改变方向。当我对瑞克说"首先，获得所有的信息流"时，我真正的意思是"首先，获得足够的关键信息流，来测试我们的广告假设"。一旦我们完成了测试，我们就会加倍注重"获得所有的信息流"，并开始由第二个团队开展迭代这种广告模式的工作。

你可能很容易就能想出创立一家公司应该做的九件事情，但其实真正应该去做的可能只有两三件。要不断剔除那些你不需要做的事情，并扪心自问："公司要取得进展，现在最重要的事情是什么？"将注意力都放在这些事情上，并将其他高见束之高阁，直到证明公司已经准备好迎接另一个机会为止。

主题 4 产品

关注指标

戴夫·麦克卢尔（Dave McClure）

戴夫是一位天使投资人，他在硅谷打拼了近 20 年，期间做过软件开发人员，也曾自己创业，还做过创业顾问、博客博主，也在互联网营销上栽过跟头。从 2007 年起，戴夫成为 TechStars 的创业导师。

获得实时的数据和反馈是互联网独有的能力。如果你足够聪明，那么就可以利用这一点，通过收集实时的使用指标，并根据监测的用户数据进行决策，从而打造出更好的产品。

当前，你可能要创建太多的东西，也可能要监测太多的东西。与普遍的观点相反，在互联网业务中，工程通常不是最重要的东西。你可能已经做了太多工程上的事情，而且可能有些功能应该从你的产品上移除。简化产品并打造极致的用户体验，这是真正困难的事情。

在你的组织和业务流程中，一开始就建立反馈和量化分析的文化很重要。这样做的原因在于，创业成功通常归结于你在两件事情上的能力：赚钱和让用户满意。如果你能真正弄清楚怎样规模化地做好这两件事，那么就可能拥有一家让人感兴趣的公司。好在你可以通过监测用户的行为，来分辨他们是否满意。

监测用户行为和满意度的五项关键指标如下：

（1）获取（Acquisition）——用户如何通过各种渠道来到你的网站？

（2）激活（Activation）——用户的初次体验是否满意？

（3）留存（Retention）——用户是否会再次光顾？

（4）推荐（Referral）——用户是否向其他人介绍？

（5）收入（Revenue）——用户是否花了钱，或者让你可以通过某种方式赚钱？

为了让你更容易记住这些指标，可以将这些指标的首字母直接拼写成AARRR，这也是我的演讲"创业公司的海盗指标"（Startup Metrics for Pirates）的核心内容（视频可以在网上找到）。

≈～≈～≈～≈～≈～≈～≈～≈～≈～≈～≈～≈～≈～≈～≈～≈～≈～≈～≈～≈

戴夫每年都会去一趟博尔德市，并跟每个 TechStars 的团队待上一天。除了鼓励他们像海盗一样思考外，鉴于他饱览了各种互联网产品，他会从这个角度，迅速给这些团队一些产品反馈。

戴夫的见解是很深刻的，始终都能触及一些核心问题：能否取悦你的用户？他们是否会告诉他们认识的人？如果会，那你就能赢。如果不会，那你就输定了。

≈～≈～≈～≈～≈～≈～≈～≈～≈～≈～≈～≈～≈～≈～≈～≈～≈～≈～≈～≈

主题 4
产品

避免分心

安迪·萨克（Andy Sack）

安迪是 TechStars 西雅图分部的董事总经理，也是 Founders Co-Op 和 Revenue Loan 的联合创始人。

Photo by Randy Stewart

2007 年 7 月，我成了汤姆·斯特普尔（Tom Staple）的 Cooler Planet 公司的领投投资人，这家公司最初就打算成为能源效率市场的先驱者。不管是汤姆、克里斯·德沃尔（Chris DeVore，我在 Founders Co-Op 的合伙人）还是我，都没有一丁点儿与能源效率市场沾边的经验。但是，我们并没有让这种知识空缺阻挡前进的脚步。我们对网络营销十分了解，而且觉得绿色能源的发展趋势会在未来五年里有特别大的增长。

汤姆决定首先将重点放在太阳能市场上，要先赢下这个市场。他的理论是，能源效率是一个过于广阔、无法一次性全覆盖的市场，而太阳能这一块要窄一些，这样只要我们就能集中注意力，就更容易成为对消费者和商家来说至关重要的公司。一开始，汤姆认为要赢得太阳能市场大概要半年时间。集中我们的注意力是正确的，但我们完全低估了赢得太阳能市场所需要的时间。

前两年，汤姆将时间花在设计一系列网站上，这些网站为打造第一大网络太阳能消费者信息资源打下了坚实的基础。商业模式很简单：公司吸引对太阳能感兴趣的用户流量（有偿和自然），然后通过将用户需求买给太阳能产品安装商，从流量中获利。

在过去的两年里，我们定期讨论向能源效率市场的其他子市场扩张的事情，比如能源审计、HVAC（暖通空调）、风能和地热能。每次我们谈论扩张到不同的或更广阔的市场时，结果都是决定专注于赢得太阳能市场。一想到要将我们稀缺的资源（即时间、资金和注意力）分流到其他市场，就迫使我们去确定赢得太阳能市场的意义何在。最终，我们找到了说明赢得市场意义何在的具体指标——在诸如"太阳能发电"之类的五大关键词的自然搜索结果中位列前五。

我们不得不努力工作，以实现这一指标。我们偶尔也会疑惑这是不是一个合适的目标，或者是不是早就应该扩展业务了。我们还会疑惑，我们是否彻底入错行了，或者是不是真的算入行了。

当获得的成果不如想象中那么大，或者不如想象中来得那么快时，我们会对自己的愿景信心不足，会有兴趣去谈论切换目标和市场的话题。不过每次我们疑惑的时候，就会重新专注于这个目标，专注于赢得有关太阳能的流量和搜索引擎竞赛。我们知道，如果能在网上达到优胜位置，那么很多公司就会乐于给我们付钱。我们还相信，我们由此会坐上互联网太阳能业务的头把交椅，从而能在市场中获得巨大利益。

2010 年年初，在制订公司的年度运营计划时，我们再一次谈到了进入新市场拓展公司业务的事。我们意识到，在其中一个太阳能网站上还有些扫尾工作要做，在那之后我们就可以开始扩张了。我们对这个网站进行了简单的多变量测试，几天内就增加了 40%的流量。这让我们十分震惊。我们知道，如果这些简单的调整就能带来如此之大的提升，那么在扩展到新市场之前还有大量的事可以做。

我发现，做出专注于某一领域而不是扩展到几个领域的决定是一件非常困难的事。就像公司早期的许多其他决定一样，部分靠直觉，部分靠评估。在打造早期业务时，会经历很多抓破头皮接着又低下头颅继续前进的时刻，只有在评估自己所取得成果时才再次抬起头。明确一个可以实现而且有价值的目标（例如，在谷歌的关键字搜索结果中位列前五位）是很有帮助的。坚守这一目标，让我们在经历跌宕起伏时得以坚持下来，哪怕过程中也会产生一些疑惑，比如"如果做点别的事，生活会不会更简单呢？"

Cooler Planet 已经两岁了，我们回首往事，发现自己当初行事的方式是多么愚蠢，觉得我们的业务还在继续发展简直是不可思议。每次决定不转换市场，并继续专注于自力更生发展业务时，我们都会得到回报。我们一直都希望

主题 4
产品

133

能坐上互联网太阳能市场的头把交椅，而且一直认为大概用半年就能实现那个目标！

≈≈≈≈≈≈≈≈≈≈≈≈≈≈≈≈≈≈≈≈≈≈≈≈≈

　　安迪与他在 Cooler Planet 的合伙人也抵制住了诱惑，如同迪克·科斯特洛在"专注重要的事情"中所说的。因新市场、新潜在客户或新竞争对手而分心是很常见的事。而通过制定一个明确的目标（"获得足够的支持""成为太阳能关键词搜索结果的前五名"），你能定期确定自己是否依然保持专注。对于处在早期阶段的公司，在尝试征服另一座山头之前，你应该确保已经攻占了属于自己的山头。

≈≈≈≈≈≈≈≈≈≈≈≈≈≈≈≈≈≈≈≈≈≈≈≈≈

创业唯快不破

了解你的客户

比尔·弗拉格（Bill Flagg）

比尔曾是提供在线注册软件的 RegOnline 公司的总裁及共同所有者。他现在是 The Felix Fund 基金的一位投资人，从 2007 年起担任 TechStars 的创业导师。

真正的业务都可以归结为一件事——满足人们的需求，获得客户的付费，并以某种方式使公司可以赢利。要做到这一点，最佳方式就是了解你的客户。

在 RegOnline，我们不断听取客户需要什么、想要什么。这个过程始于我的业务搭档阿提拉（Attila），他根据我们一位早期客户的要求，构建了我们软件的第一个版本。接着他又转向了下一位客户、再下一位客户、再下一位客户，直到我们有了 5 000 位满意的客户。

久而久之，我们开始将市场营销活动扩大为自助形式，这样客户就不必再通过与销售人员打交道来购买我们的服务了。通过倾听潜在客户在电话里向销售人员提出的问题，并在网上以简单方式再次重复，我们在不断地寻找方法，让潜在客户能更容易地从我们的产品中找到他们想要的东西。

进入潜在客户和真实客户的心里，是我在 RegOnline 做过的最有价值的事情之一。在贸易展览会中与客户面对面交流，让我了解到客户想要的东西。参加公开网络演示时倾听潜在客户提出的问题，让我能理解他们的想法。我们进行了可用性测试，以弄清潜在客户和真实客户在与我们进行业务合作时，哪个环节可能出错。我们会接收所有这些信息，并疯狂地对那些让人疑惑或不能按预期运转的功能进行迭代。我们的最终目标是为客户创造完全无障碍的体验，从而营造一种环境，让客户更容易地喜欢上我们以及我们的服务。

主题 4
产品

我们想让客户知道，我们的业务就是为他们服务，我们非常认同这一点。如果我们做得不对，就决不期望得到他们的付费。我们决定在发票上留下这样一段信息："如果你对我们的服务不是完全满意，那么请按照你觉得合适的标准降价付费，并告诉我们哪些地方可以改进。"

2008 年夏天，比尔·弗拉格（右边坐着的）在帮助 Ignighter 解决问题。

　　作为创业者，我们要面对太多让人分心的事情，比如研发很酷的技术、寻求投资、招募合适的人、租用办公空间、建立合作关系、与收购者打交道等，很容易就让我们迷失方向。要确保自己非常专注，并倾听人们的需求且帮助他们得到满足，然后就是重复、重复、再重复地做这件事。

当心大公司

迈克尔·西塞（Michael Zeisser）

迈克尔是自由媒体集团（Liberty Media Corporation）的高级副总裁，从 2008 年起担任 TechStars 的创业导师。

参加 TechStars 加速计划的创业者经常会问，大公司如何对创业公司有所帮助。大公司以分销协议或合作伙伴的形式，给予创业公司的支持是非常有价值的。只要大公司不会在发展过程中干掉你的公司，那么它们就可以给你的公司带来资金、客户渠道以及声誉提升。

我亲眼看见过一些创业公司在与一家大公司发展合作关系时，投入过多。他们投入了太多的时间和精力去推进一桩交易，虽然交易最终带来了收益，但远比预期要少。在与大公司讨论时，创业者很容易只听进去那些自己想听的话，而忽视那些表示相反情况的信号。我给创业公司的建议，就是在与大公司打交道时一定不能心慈手软。是的，他们可以成为你的朋友，也能毁掉你。

问题在于，风险完全是不对等的。有些事情是否发生，通常对大公司没什么大的影响，却可能会关系到创业公司的生死存亡。尽管没有万全的方法来保护你自己，但有些大的陷阱还是可以避开的。

首先，要找到真正的决策者。尽管他们不愿承认，但大公司中的很多人其实并没有多少的决策权。对那些想在大公司获得成功的人来说，循规蹈矩要比追求结果重要，所以，大公司里的人通常不会告诉你绝望的真相，而且几乎从来不会拒绝。如果不能得到直白的答复，你就不是在跟决策者谈话，这也就是大公司在用它自己的语言对你说"不"。

其次，要认识到你不能创造需求。创业者是天生的传道者——他们觉得自己能改变世界。如果你觉得，只需要再见一次面或再打一通电话就能说服大公司，让它相信需要跟你做生意，这种想法可以理解，不过却是大错特错的。你最终会花上比预想多得多的时间来试图建立一种关系，而其中99.9%的时间做的都是无用功。所以，别再自欺欺人了。

最后，快速失败。在跟大公司打交道时，创业公司所犯的最大错误就是被他们所追逐的成功机会蒙蔽了，而没有考虑过放弃追求其他目标所造成的机会成本。对创业公司来说，机会成本可能是致命的。在跟大公司打交道时，你应该严密掌控付出努力与预期产出之间的关系。如果这两项因素差不多是对等的，那么创业公司就是在承担过大的风险。是的，偶尔会有置之死地而后生的情况，不过依靠这些是没办法建立一家公司的。

很多创业公司都将巨人的肩膀当作发展的跳板，并从中获利。不过，创业公司与大公司之间的风险和奖励是不对称的。在面对机会时，创业公司应该摆出一种合作的姿态，但不要让自己只听得进好话。

～～～～～～～～～～～～～～～～～～～～～～～～～～～～～～～～～～～～

几乎所有的大公司都有"企业发展副总裁"或"业务拓展高级副总裁"这样头衔的人，不过在很多情况下，他们的实际角色是"非企业发展副总裁"或"让创业者远离大公司中实际拍板人的副总裁"。这些人通常都很好打交道、有魅力，而且会让你满怀希望和激动。不过，除非是大公司中产品和销售方面的人提出要求，否则他们是很少能帮你办成事的。正如迈克尔所说，要当心。

～～～～～～～～～～～～～～～～～～～～～～～～～～～～～～～～～～～～

丢弃一些东西

埃里克·马科利尔

埃里克是 OneTrueFan 的联合创始人及 CEO。他曾经是 Gnip 的联合创始人，也曾是 2007 年被雅虎收购的 MyBlogLog 的联合创始人及 CEO。从 2007 年起，埃里克担任 TechStars 的创业导师。

Photo Courtesy of WonderMill.com

2009 年 9 月下旬，我与布拉德·菲尔德见了一面，他是 Gnip 的董事会成员和领投投资人。几周之前，我们曾面对面沟通过，这次会面迅速让我开始为 Gnip 公司感到担忧。我觉得 Gnip 公司在一年内就将破产，而且我无力解决这个问题。当布拉德说我听起来似乎很不高兴时，我就豁出去了，直接告诉他我有多痛苦。突然间，我决定要辞去 CEO 的职务。

会面开始时，我并没有那种意图，不过随着我清醒地意识到惰性已经弥漫到 Gnip 全公司时，这个决定似乎也就变得顺理成章了。我们曾多次尝试对核心技术平台进行扩展，可每次都没有取得任何进展。我感觉我们要比那些体量超过我们数倍的大公司更懒散，而且我心里对于每天所做的事情感到疲惫。在与布拉德会面期间，我不由自主地觉得是时候离开了。

布拉德跟我谈论了离职的后果，而这些后果听起来都要比一年后我带着公司走向灭亡要好。那天告别时，我答应再花 36 小时重新考虑决定，之后再碰头，共商 Gnip 公司以后该怎么走。

那晚回家后，我告诉妻子我要离开公司了。我开始联系我的朋友，看看有没有人能帮我找一份咨询工作，来缓解我突然没有收入所带来的困难。我还联系了其他几位朋友，看看他们有没有什么好的创业创意。因为我要离开 Gnip 公司了。

第二天，发生了一件戏剧性的事情。与创始人可以采取的那些最激烈的行为相比，Gnip 公司的问题突然显得非常小了。僵化的技术拖累了我们吗？那就全部推倒彻底重来。精挑细选的团队一直在调整技术吗？那么他们可以走人。现有的客户群怎么办？有持续的月收入，尽管不是毫无意义，但还不能实现收支平衡，我们也可以解决这个问题。我招聘的产品副总裁虽然真的很棒，但他基本上只是填补了我急需填补的职位空缺，他其实也可以走人。

我给布拉德打了电话，跟他详细谈论了这些。接着我给 Gnip 公司的其他投资人也打了电话，并把我的想法告诉他们。跟首轮资本的罗布·海耶斯交换意见后，总结出了推进计划。

罗博：那你知道这里存在什么问题吗？

我：还没有眉目，不过我知道，如果我们做出这些改变，就能更快地搞清楚。

四天后，我跟团队成员见面，将 Gnip 公司 12 名员工中的 7 名解雇了。我要跟剩下的团队成员一起从头开始。我们还是要解决同样的用户问题，不过用的是全新的方法。在六周时间内，我们构建了比之前半年还多的新功能。三个月之后，我们开始签约新客户、招聘新团队成员，事情又重回正轨了。

创业过程中做出的每个决定，都会给未来的所有行动留下不可磨灭的印记。在最好的情况下，这可以为我们创造灵活的企业文化。就算是在最坏的情况下，这样做也可以对公司有所制约，防止出现创业公司常犯的一些错误。这样的制约可能会很容易给你一种束缚感，不过如果稍微换个角度来看，就可以发现所谓的束缚其实并不存在，而未来就是你们要去创造的。

~~~~~~~~~~~~~~~~~~~~~~~~~~~~~~~~~~~~~~~

大约半年后，布拉德与埃里克再一次会面。这一次 Gnip 公司的情况好多了，不过埃里克又不高兴了。跟上次不同的是，这次不高兴与 Gnip 公司的现状没有关系，而是跟 Gnip 公司的业务类型有关。

Gnip 公司提供网络基础设施来聚合社会化媒体。这是一个技术性很强的问题，因此 Gnip 公司做的就像是管道工程一样，因为它是在其他网络服务之间提供软件布线和数据通信的服务。Gnip 公司的客户是那些需要处理社会化数据的网络服务（既有面向消费者的，也有面向企业的）。

2008 年夏天，埃里克·马科利尔跟 **DailyBurn** 一起工作。

另外，埃里克还认识到，他最喜欢从事面向消费者的互联网业务。他厌倦了跟 Gnip 公司的客户打交道，并想跟 Gnip 公司的客户所服务的最终用户打交道。不过在 Gnip 公司的业务环境中，这是不可能实现的。

好在埃里克有一位技术很强的联合创始人，他拥有扎实的管理经验。尽管艾瑞克的搭档尤德·瓦莱斯基（Jud Valeski）之前从未当过 CEO，但 Gnip 团队的大多数人都专注于工程，向尤德汇报工作。在经过数日细致的讨论后，埃里克还是决定离开 Gnip 公司，并将舵盘交给了尤德。

在尤德的领导下，Gnip 公司继续良好地成长着。尽管这仍是一家年轻的公司，但它在产品关联性和预测市场时机方面做得相当突出。他们为客户解决了复杂的问题，而且作为一支技术性很强的团队，他们算是做得非常出色了。

埃里克也找到了属于自己的乐土。他创办了一家名为 OneTrueFan 的新公司，这家公司从一开始就是在为他想服务的最终用户服务。他仍然是 Gnip 公司的股东，也与布拉德、尤德以及其他投资人保持着好友关系。他也不断在 TechStars 现身，鼓励创业者不要害怕丢弃一些东西。

主题 **4**

产品

调整转型

罗布·海耶斯

罗布是首轮资本的合伙人，他从 2008 年起担任 TechStars 的创业导师。

　　我每年所见的数百位创业者都有一个共同点，那就是他们的计划是错误的。有时候是存在大问题，有时候是小问题，不过计划总是错的。根据所获得的信息，能够调整转型到一个新创意的创业者，就算原计划有误也能生存下来，而那些对出现问题的信号视而不见的创业者，则会被淘汰。

创业唯快不破

　　关于成功的调整转型，我最喜欢的案例来自一家最初名为 Riya 的公司。这家公司开发出了顶尖的人脸识别技术，而与此同时 Flickr 这样带标签的图片网站开始爆发。有了 Riya，你可以在一些照片中指出某人的脸，并告诉系统这个人是谁。然后 Riya 就可以找出含有此人的所有照片，并将这个人的姓名添加到该照片的标签中。

　　事实证明，这项服务很不错，不过吸引到的用户并不如公司期待的那么多。围绕这种技术构建一家前景广阔的大企业，其机会变得不甚明朗。

　　不过，这没有阻止公司的创始人蒙贾尔·沙哈（Munjal Shah）。他很快做出了调整转型，将这种技术引向了一种被称为"视觉购物"的概念，并将公司更名为 Like.com。虽然像消费电子产品这样的耐用商品，通常都有足够多与它们相关的元数据（型号、品牌名称），便于建立搜索索引，但大多数非耐用商品却很难建立索引（如"带有蓝花的地毯"）。Riya（现在是 Like.com）的技术可以用来解决这一问题。Like.com 让用户可以搜索外观类似其他事物的物品，用户甚至可以上传他们想要搜索物品的图片，然后 Like.com 就可以帮他们找到相似的物品。

蒙贾尔实现了完美的调整转型，而且自从这次转型之后，公司的发展就开始蒸蒸日上了。[○] 他的故事是每位创业者都应该学习的——起始于一份翔实的计划，但一直听取你的客户、员工和顾问的意见，还要相信你的直觉。当各种信号告诉你，你目前的道路无法将你带到预定的目的地时，就到该调整转型的时候了。

那么你该如何调整呢？随时准备好。听听客户怎么说，他们会告诉你他们想要什么。而当时机成熟时，就要明确果断地调整转型。弄清楚哪些可以重复使用，哪些需要抛弃，以及还有哪些需要打造。确保你的团队理解这种调整，并与你同心协力。管理好你的现金，确信你的商业伙伴（包括董事会在内）理解你所做的事情并予以支持。最后，评估你是否拥有朝着新方向前进所需的合适技能。

在公司最初成立的那段日子里，每个决定都是重大决定。你可以决定从"往北走"转向"往南走"，不过那不能阻止你前进的脚步。只要你找到了公司前进的道路，就要做出决定，对自己的情况进行评估，并对调整转型的结果寄予希望。

主
题
产 **4**
品

○ 公司后来被谷歌收购。

主题 5 融资

大多数公司都是带着融资的目标来 TechStars 的。我们首先要做的事情之一，就是让他们不要着急，先问问自己："我是否需要融资？"我们特别强调，答案可以是"否"。很多杰出的创业者都是自力更生获得成功的，很多大公司的建立也很少依靠或根本不依靠外部投资。迄今为止的每期 TechStars 加速计划中，至少会有一家公司是仅仅依靠自己的力量获得成功的，比如 2007 年的 J-Squared 和 2008 年的 Occipital。

当然，现实其实很严酷。跟我们共事过的绝大多数创业公司，都不能迅速赢利。为了避免天折，他们找到了投资人（天使投资人和风险投资人）来帮助他们将公司送入正轨。

创业者往往认识不到这是一个重大决定。在从外部投资人那里融资时，总要有所权衡。在你融资之前，公司毫无疑问是你自己的；在你融资之后，不管数额多少，你的公司就有了新的合伙人。投资通常伴随着一定程度的董事会控制，以及对更大回报的期望。最起码来说，有人陪你一起经历公司的跌宕起伏了。

对一家公司来说，拥有投资人可以是一件很棒的事情，不过他们也可能带来问题。理解这些得失，弄清怎样与他们沟通，如何管理他们的预期，并搞明白自己要什么，这些都很关键。如同任何新的合作关系，你跟投资人之间的互动可能会在你完成投资交割之后达到顶峰。你的目标应该是不断发展和维持与投资人的关系，即便你的公司在前进的路上遇到不可避免的障碍，双方还是需要保持一种健康的、建设性的合作关系。

　　在本主题中，有一些文章介绍了融资的策略，不过你也会看到其中有不少文章讲到了其他可能选择。我们认为，你不应该一开始就假设需要融资。如果你真的决定要融资的话，就要明确自己将会处于什么状况之中。

主
题 5
融
资

你并非一定要融资

乔·艾格波波（Joe Aigboboh）和耶西·泰乌露（Jesse Tevelow）

乔和耶西是 J-Squared Media 的联合创始人，这家公司主要为那些有着几百万最终用户的社交网络制作应用程序。J-Squared 在 2007 年参加了 TechStars 加速计划，并很快自力更生地实现赢利。

2007 年，我们带着打造一个内容分享网站的简单概念参加了第一期 TechStars 加速计划。在计划开始的第二天，我们决定放弃自己的创意，寻找一种更好的商业模式。在几周之内，Facebook 就发布了它的应用平台，并对开发者开放了这一平台。尽管我们的商业模式尚不明朗，不过我们意识到 Facebook 平台提供了一个了不起的机会，可以向正在增长的巨大用户群推广产品。

在经过大约一周的实验之后，我们推出了第一款应用——Sticky Notes（即时贴），让用户可以将定制的消息发送给他们的朋友。几个月之后，这个应用就发展到了 1 000 多万用户，通过横幅广告带来了可观的收入。到 TechStars 加速计划结束时，我们已经收到了来自风险资本的一些投资要约，也收到了一些收购要约。尽管大多数公司都在寻求融资，但是我们感觉早期的成功已经将我们引上了自力更生创办公司的道路。

自力更生的决定，会影响公司未来的很多经营决策。我们很快认识到，需要继续推动收入增长，而且要控制成本。虽然从事后来看，这是很明显的事，这样做可以让我们专注于产品决策，从而在运营资金非常有限的情况下获得了更多的收入。我们的早期收入多来自广告和赞助。我们专注于通过寻找有创意的方式增加流量、优化广告及保障赞助，来带动收入增长。

在保持赢利性上投入了这么大的精力，我们就需要不断评估这些收入来源的长期可行性。随着网络广告市场的恶化，自筹资金供给所带来的制约，让我们不得不立即找出有效的长期收入来源。与一些获得大笔投资的竞争对手相比，我们更快地将主要收入来源从广告转变成了虚拟物品。接受了自筹资金带来的制约，我们打造了一家年收入七位数并且还在持续增长的扎扎实实的公司。

自力更生将并不是没有挑战性。不仅仅是从财务角度来看，公司的其他方面也会遭遇挑战。尽管公司收入在增长，而且具备赢利能力，但是一些老员工还是觉得找到风险投资才能安心。较少的利益相关者，就意味着乐于帮你实现目标的既得利益者也更少。对一些人来说，自力更生还可能导致运营资本紧张，从而难以实现快速发展。

虽然面临挑战，但自筹资金能让我们在公司的成长过程中对其保持完全的控制。

我们到目前为止还没有接受投资，但这并不代表我们永远不会寻求投资。假如我们决定寻求投资，那么谈判所能获得的协议条款一定会比我们确定商业模式或实现赢利前要好得多。

关于融资，没有完美的准则可循。确定目标，将有助于推动你做出与投资有关的决定。考虑自筹资金的优势和挑战是很重要的，不过要记住的是，你不是非得融资不可。

主题 5 融资

≈≈≈≈≈≈≈≈≈≈≈≈≈≈≈≈≈≈≈≈≈≈≈≈≈≈≈≈≈≈≈≈

乔和耶西在 Facebook 开放应用平台的最初期赶上了潮流，很早就制作了一系列深受欢迎的 Facebook 应用。鉴于他们的知名度，众多投资人和收购方都来与他们接触。乔和耶西很快认识到自己的长期目标不一定能够满足跟他们接触的投资人和收购人的期望。当与他们拥有共识的投资人出现时，他们就会与导师进行深入周详的谈话，每次对话都让乔和耶西对自己以及所面对的机会了解到很多。决定走哪条路从来都不容易，不过每种情况对他们来说都是挑战，并且考验了他们对最终所选择道路的坚持程度。回顾过去三年的发展历程，很明显，他们为自己以及公司选择了正确的道路。

≈≈≈≈≈≈≈≈≈≈≈≈≈≈≈≈≈≈≈≈≈≈≈≈≈≈≈≈≈≈≈≈

融资的方式不止一种

布拉德·菲尔德

布拉德是 Foundry 集团的董事总经理，也是 TechStars 的联合创始人。

作为风险投资人，我经常会听到这样的问题："我怎样才能从 VC 那里融到钱？"而我的回答通常都是："你为什么要那么做？"

很多创业者都把从 VC 那里寻求融资视作终极答案。但是，只有很少数公司能得到 VC 的支持，大多数公司都是从其他来源融资，包括亲人和朋友、天使投资人、客户、合作伙伴以及政府资助。下面就来看看其中的一部分资金来源。

亲人和朋友。这是一种最常见的种子投资或早期投资形式。你最初的一万美元很可能来自你认识的人，比如父母、兄弟姊妹或是同事。这种类型的资金有时被称为 3F（friends、family and fools，即朋友、家人和傻瓜们），表明早期投资人要承担很大的风险。要知道，他们其实是在你身上下赌注，这也就是为什么他们通常会是首先给你投资的人。

天使投资人。天使投资人有很多类型：独立天使投资人，他们自己就是成功的创业者，喜欢给创业公司投资，并参与到创业之中；超级天使投资人，他们会投资一大批处于早期阶段的公司；新手天使投资人，他们刚得到了一笔钱，正寻求投资机会；天使投资团体，这是一群定期进行联合投资的天使投资人。每一种天使投资人都不同，随着更有组织的天使投资团体的出现，也出现了各种各样的对接创业者和天使投资人的活动（有好有坏）。很多获得风险资本支持的公司，他们获得的第一轮投资来自天使投资人，这是通向 VC 轮投资的合理桥梁，特别是对那些初次创业的创业者来说。不过要注意，有天使投资人，就有与之对应的恶魔投资人。

客户。最让人满意的早期融资形式，就是收入。我的第一家公司菲尔德科技启动的时候仅仅筹集了 10 美元，我们的投资来自早期客户。我和我的搭档在公司创办之后不久，就让公司获得了收入。当时我们在公寓里办公，报酬也拿得很少。从某一天起，我们每月都能实现几千美元的利润（别跟正向现金流混淆了，虽然我们也很快就实现了正向现金流），而且可以让公司自力更生了，不需要融任何额外的资金。

合作伙伴。创办公司时，你很可能会与其他人或者更知名的公司建立合作关系。如果你在做的事对他们来说有价值，那么他们通常会愿意做些财务安排，资助一些你们在一起合作的事情。不要羞于提出请求，如果你不提出来，就永远没机会得到帮助。

政府资助。历史上，曾经有不少由美国政府资助的研发项目，主要针对小企业。最引人注目的就是 SBIR（Small Business Innovation Research，小企业创新研究）项目，提供了各种技术研究资助，创业公司可以申请。这些资助通常以低利润、成本加成的方式提供，不过公司可以保留与研发相关的知识产权。因此，对研发密集型的公司来说，这可以成为它们很好的初始融资来源。

你在开始考虑向风险投资人融资之前，要记住，让创业公司启动上路的融资方式可不止一种。

主题 **5** 融资

布拉德·菲尔德在 **2008** 年 **TechStars** 做如何向天使投资人融资的演讲。

别忘了自力更生

大卫·布朗

大卫·布朗是 ZOLL Medical 公司的总裁，也是 TechStars 的联合创始人，从 2007 年起担任 TechStars 的创业导师。

1993 年，当我和大卫·科恩创办 Pinpoint 科技时，真希望能有一个像 TechStars 这样的组织。我们除了一两位以前的老板之外没有别的导师，也没有融资的机会，甚至不知道天使投资人是什么。所以，我们在前进的道路上不得不修修补补，很多情况下还要做一些类似于"重新发明轮子"这样的工作。

没有融资机会的一个好处（至少回头来看这算是一个好处）在于，我们不得不让公司实现自力更生。我们自己没钱，所以被迫异常地俭朴。靠着晚上和周末做一些奇怪的咨询工作（包括为虫害防治公司做些布线和安装网络的"光荣"工作）挣到的几千美元，我们打造了产品原型，并说服有望签约的客户借给我们 10 万美元。作为交换，我们在需要偿还本息的同时，还要给他们免费提供产品。在没有任何额外投资的情况下，这种产品现在已经催生出了一家年销售额 4 000 万美元、有着 200 多名员工的公司。

自力更生的价值，并不仅仅体现在我们退出时，仍然持有公司 100% 的股权（尽管那样也很不错）。对我们而言更重要的是，可以按照自认为合适的方式来运营公司，为我们自己、客户、员工以及公司的长期利益做出正确的决定。而很多公司在融到资金之后，就像在自己的口袋上剪了个窟窿，他们开始招聘人员、扩充基础设施、大手大脚地花钱。记住，投资就像一张信用卡，你的长期目标是取得收入。收入是靠客户对你产品的需求换来的，而投资只是一针兴奋剂而已。

要想获得一大笔融资，最常见的理由就是为了让公司发展得更快：竞争者虎视眈眈，每一秒都蓄势待发，所以我们必须趁热打铁！我的经验是，这样想很少是对的。好想法需要一点时间来酝酿，需要完善它，以确保它真的能打动客户。花点时间来完善它，你会发现其实那些竞争者并不像你想象中那样接近你。

当然，自力更生也并非总是可行的。有时候，存货、开发工作或基础设施等创业成本是需要一些投资来支撑的。事实上，我斗胆将"自力更生"定义为融到让公司起步所需的最少量资金。采用这种方法，可以保证你的公司具备合适的规模，不让支出超过收入。毕竟，你不想用信用卡支付租金，对吧？

≈≈≈≈≈≈≈≈≈≈≈≈≈≈≈≈≈≈≈≈≈≈≈≈≈≈≈≈≈≈≈≈≈

大卫·科恩和大卫·布朗在 1993 年共同创办了 Pinpoint 科技。他们从一开始就是自力更生，并很早就聘请了一位了不起的程序员埃兰·谢伊（Eran Shay）。大卫·布朗和埃兰每 12 小时轮一次班，这样就可以共享他们拥有的唯一一台比较快的电脑，而不用再买一台新电脑（那时候奔腾 90 是很贵的！）。大多数日子里，大卫都是从上午 9 点工作到晚上 9 点，而埃兰则是从晚上 9 点工作到第二天上午 9 点。直到他们有了第一位付费用户，他们才奢侈了一次，购买了第二台电脑。

≈≈≈≈≈≈≈≈≈≈≈≈≈≈≈≈≈≈≈≈≈≈≈≈≈≈≈≈≈≈≈≈≈

主题 5
融资

当心伪天使投资人

大卫·科恩

大卫是 TechStars 的联合创始人及 CEO。

我参与过一些天使投资团体，大多数都很烂。原因很简单，大多数天使投资团体中的大多数成员，实际上不是天使投资人，他们在那里通常是为了我口中的"搭便车"。他们寻找那些自己能参与其中的创业公司，不管是作为员工还是作为顾问。或者他们想借机结识有钱人，喝点小酒、吃点三明治。最终，他们通常会掌控那些伸手向他们要钱的小可爱创业公司。而作为特别奖励，他们往往能笑到最后。

我这样讲是不是听起来令人腻烦？我可是有亲身体验的。当我开始从事天使投资时，自然而然地加入了我们城市当地的天使投资团体。我估计，天使投资团体中大约 95% 的成员一辈子至多完成过一笔天使投资，很多人则从来没有参与过投资。我很快就想通了，我可以通过结识一些真正的天使投资人，创立我自己的独立品牌和知名度，来形成更加有趣的项目来源。事实证明，优秀的创业者很善于找到那些真正进行天使投资的人。我认为，那些敷衍了事的伪天使投资人是不会认真对待投资的。

在我参加过的天使投资团体会议中，我发现逆向选择是显而易见的事，因为来这里融资的公司通常没能从专业可靠的天使投资人那里获得资金。尽管也有少数例外，比如说这些公司已经获得了一些投资，只是想寻求更多的投资人帮助他们完成这轮融资。

在与一些活跃的天使投资人交谈之后，我算看清了，虽然也有一些不错的天使投资团体，但大多数天使投资团体里都是些伪天使投资人。这些伪天使投资人根本不会给你的公司投资。还有一类实际不是天使的"天使投资人"，他们是一些经常使用极恶劣战术和条款的无良投资人。

我遇到比较多的一种类型，是采用诱饵调包法的天使投资人。他通常拥有不错的背景，似乎有一堆现金可供投资。故事一般会这样发展：他说要帮你筹集一轮 50 万美元的投资，他自己承诺投 10 万美元！到此为止，都挺不错吧。不过，一旦这轮筹资全面启动，他就开始逐步撤回他的个人投资（经常会一直降到零），然后乘机要求一个职位。他非但没有投资，反而成了公司的 CEO 或总裁，并且会拿到大量的股权。你不知道的是，有这种意图的天使投资人会跟尽可能多有趣（而且很努力）的创业公司玩同样的游戏，直到他找到一家有人真正愿意投资的公司。没错，这些使用诱饵调包法的天使投资人，就是为了一两年有保证的薪水以及大量股权，才盯上那些亟需首轮资金的年轻有为的创业者。

还有那些条款驱动型的天使投资人，这种投资人会拼命讨价还价。他们投入 5 万美元，让你启动一轮融资，最终就想获得公司 75% 的股份。他们不大容易搞定这件事，所以就一直在找容易上当的人。你当然不是傻子，但如果不够谨慎，还是会在这些人身上浪费几个月的时间。你损耗的将是宝贵的时间。

可以使用一些非常简单的战术，来确定你是否在跟真正的天使投资人打交道。首先，询问那些有意向的投资人，他们已经进行了多长时间的天使投资？投资了多少项目？以及每次通常投入多少钱？如果你得到的是闪烁其词的回答，或者是"我在过去 17 年里完成了一次天使投资"这样根本微不足道的回答，就要小心了。在得到这些问题的答案之前，不要继续问其他的问题。

如果天使投资人说他是刚开始进行天使投资，这就应该触发你超强的第六感了。在这种情况下，要做足功课，并核实你自己能找到的高度可靠的参考资料。要去找那些已知的著名天使投资人和当地的风险投资人了解情况，对那个人和他曾经加入的公司要有所了解，从而弄清楚这位潜在投资人到底有多可靠。研究他的背景——他真的有从事天使投资的资金吗？

如果你的潜在投资人说，他有过一年或一年以上的投资经历，那么请他介绍两家他在过去一年里投资过的公司。如果他说不出两家，那么再问他最近投资的三家公司是谁？如果不足三家，就说明这个人其实不过是个投资界的业余选手，投资经验非常有限。现在打电话或者发电子邮件给这三家公司，问问他们的创始人，核实一下这位潜在投资人是不是真的投资了这些公司。尽管你已经有了这些参考信息，但还是要确认一下，并问清楚他的投资是否对这些公司有所帮助。

对于真正的天使投资人来说，这些问题或战术都不会冒犯到他们。事实上，这些问题或战术只会让真正的天使投资人对你更具信心。这些战术只会得罪那些伪天使投资人，并促使他们离开。要知道，这样做其实没什么不好的。

要当心那些伪天使投资人。他们会让你陷入无休止的工作之中，在融资问题上跟你耍诱饵调包的把戏，浪费你的时间。

≈≈≈≈≈≈≈≈≈≈≈≈≈≈≈≈≈≈≈≈≈≈≈≈≈≈≈≈≈≈≈≈≈≈≈≈

大卫与一些天使投资团体糟糕的经历，促使他参加了一项在洛杉矶举办的活动，这项活动是由杰森·卡拉卡尼斯（Jason Calacanis）组织的"开放天使论坛"。这是一项实打实的活动，五家高水平的公司与 15～20 位超级天使投资人（在过去一年里至少有四次为人所知的投资）共进晚餐。这个活动对创业者是免费的，这也是吸引大卫的关键因素。他非常喜欢这项活动，所以就在科罗拉多州创办了第二个分部。现在开放天使论坛已经在全世界遍地开花了。想了解更多情况，可参见 openangelforum.com。

大卫·科恩在解释一些他明显很强调的事情。

≈≈≈≈≈≈≈≈≈≈≈≈≈≈≈≈≈≈≈≈≈≈≈≈≈≈≈≈≈≈≈≈≈≈≈≈

种子投资人关注三件事

杰夫·克拉维耶

杰夫是一位种子期投资人，他是 SoftTech VC 基金的合伙人，从 2007 年起成担任 TechStars 的创业导师。

2010 年 8 月，我们全家庆祝从法国移居硅谷十周年，同时也庆祝我加入风险投资行业十周年。在这十年里，有六年时间，我是跟那些处于很早期阶段的团队一起度过的，包括还处于原始创意阶段的团队，也包括已经完成效果颇佳的初期产品、有两位创始人并拥有几千万狂热用户的团队。

我每周都会多次被问到一个最常见的问题："在做出投资决策之前，你希望看到创业公司具备哪些特点？"你可以列出 10 项指标、20 件事情或 30 项清单要点，而这些都是有效的，也都是从经验、教训和错误中得来的。在投资业务中，你只能以痛苦的方式学习，即在那些最终没能获得成功的事情上损失或浪费金钱。

像我这样的种子投资人，通常会给新的创业公司投入第一笔现金，他们的清单最短。我们做的是早期投资，因此对我们来说，后续阶段的投资人用来评估投资机会的很多数据要点，我们都无法获得。所以我只关注三件事，即人、产品和市场，准确点就是：

人、产品和市场。

首先，创业者所瞄准的市场要"足够大"。你经常会听到 VC 说，某个投资机会"对他们来说太小了"，他们看不到"VC 式的回报"，或者看不到能成为一家"10 亿美元级别的公司"的可能性。如果你投资阶段非常早，就要确保目标市场感觉起来足够大，也就是说，你有意向投资的公司，即便在用户没有 100% 认同的情况下，三年内收入能合理增长到1 000万美元的水平，在五至七年内收入将提高到5 000万~1亿美元。

其次，我看重的是赢得用户的产品。你要么有用户（不管产品处于 alpha、beta 还是 gamma 阶段，都没关系），要么没有用户。如果没有用户，我会看看你的样品和演示产品，评估一下你在开发的东西是否具有如你所说的那种吸引力。不过这是很难弄清的，因为拥有用户是一种真正的外部验证方式。有用户认为你的产品有趣、有价值而且与众不同，他们某一天会真正愿意为你的产品付费。作为一个做过产品的人，我还会花上不少时间亲自使用产品，试着评估一些我刚提到的特性。

但是，最重要的其实是人。直到最近，我才把我所关注的三件事由"人、人和人"改为"人、产品和市场"，这是因为产品和市场还是对我早期阶段的投资决策产生着明显的影响。我会挖掘早期创业者的一系列特性，比如：

- 激情。
- 决心、奉献和坚韧。
- 原始智力。
- 敏捷和机智。
- 思维清晰且专注。
- 执着。
- 天生的领导力。
- 聪明地工作，而不光是埋头苦干（好吧，也要埋头苦干）。
- 团队动力。

这些特性都很重要。尽管其中有一些要比另一些更重要，不过不同的创始团队展示出了不同的特性组合。把这些特性当作你放在天平上、形状大小各异的砝码吧：在某种情况下，天平会出现倾斜，那么你就会（或不会）得到投资意向。在最近几年，资本效率成了打造一整代消费互联网公司的普遍要素，而我最重视的特质是决心、敏捷、思维清晰和聪明地工作。

我最近开始为我的投资机构 SoftTech VC 使用了如下标签：

寻求完美的组合："一个出色的（smart-ass）团队在一个巨大的（big-ass）

市场里做一款给力的（kick-ass）产品。"

我觉得这完美地体现了我赖以谋生的事业，而且一旦你知道完整的内容后，很容易就能将其简化为"三 Ass 准则"。

≈≈≈≈≈≈≈≈≈≈≈≈≈≈≈≈≈≈≈≈≈≈≈≈≈≈≈≈≈≈≈

杰夫从一开始就参与了 TechStars。他每年都会在 TechStars 加速计划中期飞到博尔德，在 TechStars 花上一整天时间跟每个团队见面。杰夫此举可谓一箭双雕，他既是帮助塑造团队和调整团队专注点的导师，同时也借此机会有效地评估 10 个潜在的投资机会。经过多年的观察，我们发现杰夫离开博尔德时对有兴趣参与投资的团队已是胸有成竹，而且会在投资人开放日之后迅速做出决定。现在，这样的种子期投资人正是初次创业者要找的！

2009 年，杰夫·克拉维耶在 TechStars 寻找完美的"三 Ass"公司。

≈≈≈≈≈≈≈≈≈≈≈≈≈≈≈≈≈≈≈≈≈≈≈≈≈≈≈≈≈≈≈

主题 5
融资

像上场表演一样做练习

亚历克斯·怀特

亚历克斯是 Next Big Sound 公司的创始人及 CEO，这家公司提供在线音乐分析评价服务。在 2009 年完成 TechStars 加速计划之后，Next Big Sound 公司从 Foundry 集团、Alsop-Louie Partners 和 SoftTech VC 获得了共计 100 万美元的投资。

Photo by Rebecca Stern

从投资人那里融资与我这一生中做过的其他事都不一样。当我在学校、在以前的工作中以及在业余活动中竭尽全力时，我会有一种感觉，只要我超越某种极限，就能如愿得到 A、升职或是取得领导地位。在为公司寻找第一轮融资时，我做了世界上最好的融资演示。不过如果投资人对公司的团队、创意、收入模式、竞争、行业、市场规模、融资额、发展规划、与他们的投资组合公司的匹配度或者几乎无穷无尽的其他变数有任何不满意，他们都可能不给你投资。

因为有这么多因素在起作用，所以可能破坏融资的问题也就很多。诀窍就是展示一个令人信服的解决方案，解决一个大问题，然后为潜在投资人可能提出的每个问题都准备好合适的回答。对我来说，第一部分非常简单，因为大多数创业者如果觉得自己没有针对一个大问题找到一个绝佳的答案，他是不会一头扎进创业浪潮里的。不过当投资人开始打探各种因素，无论如何都要寻找一些理由来证明这笔交易不是一次靠谱的投资时，麻烦就来了。由于是一家创业公司，就存在各种不给你投钱的不确定因素和理由。投资人只是需要知道你已经注意到哪些未知因素，并了解你将如何系统地解决这些问题。

人们是不大愿意与他们的钱分开的。如果你曾试过为产品或服务向客户收费，就应该多少有些了解，知道自己需要为客户提供有形价值来证明他们的购买行为是合理的。现在设想一下，你需要试着说服他们给你签一张支票，同时你不是立刻拿某些东西去交换他们辛苦赚来的钱，而只是答应他们会在以后给他们提供这些东西。也就是说，他们将间接通过对你公司投资的价值增长，来体验这些东西。

所以，为了成功获得融资，我发狂似的练习。我肯定重写了 100 遍融资路演材料，反复练习了 500 次。让很多人传阅并给出反馈，这其中的价值是无法估量的。因为你不可能从日常业务中抽出足够长的时间，去组织一份无懈可击的高水平的路演内容。到我们参加 TechStars 的公开路演日为止，我已经为每个被问到的问题准备了精心练习的回答。融资的经历对我来说是全新的，而我必须记住的是，很多投资人在我出生之前就已经开始听各种融资路演、与创业者进行跟进面谈，并且对创业者进行重重拷问了。这些投资人有着多年的经验，我敢说他们正在将我的业务、我的答案和我的信心与他们所经历的成功和失败进行对照，尽力对我们进行画像，判断我们是否会是一位赢家。我们所拥有的，只是激情、了不起的团队、精彩的演示、疯狂的乐观精神以及源于一整个夏天练习的信心。

融资是一项全职工作，需要至少一位团队成员全心全力工作，并需要团队其余成员的配合，准备路演材料，不停反复地听模拟路演，为潜在问题及针对这些问题的合适回答提供头脑风暴。人们只想给赢家投资。赢家是有信心的，而信心则来源于对自己的高标准和严要求。这意味着你要在人们面前多做路演，经受住同事、导师和朋友的反复考验，无数次解释自己的业务，回答"你将如何赚钱"这样的问题。如果自己都不能自信地描述能给别人带来什么回报，那又怎么能指望他们给你签支票呢？

主题 5

融资

≈≈≈≈≈≈≈≈≈≈≈≈≈≈≈≈≈≈≈≈≈≈≈≈≈≈≈≈≈≈

亚历克斯说他已经练习过路演 500 次，一点都不夸张。当他在 TechStars 公开路演日上面对挤满会场的投资人时，表现得棒极了。如果要这些裁判给他的表现打分，那么他会从每个人那里都得到满分 10 分。

这给 Next Big Sound 带来了巨大的回报。亚历克斯的路演思路清晰，再加上 Next Big Sound 在 TechStars 期间所取得的进展，让他们在天使投资人的那轮投资中获得不少资金。亚历克斯跟他的合伙人决定只融适量的资金，却得到了至少三倍于预期的投资意向。他们不得不做出艰难的决定——接受哪些投资人的资金，不过他们很得体地完成了这一工作。

　　因为马尔科姆·格拉德威尔（Malcolm Gladwell）[⊖]而流行的一句俗话是："要想在某件事上做得很优秀，就必须在这件事上投入一万小时。"尽管你可能不是非得花上一万小时练习路演，不过也应该练习足够多的次数，这样才能在喧闹的酒吧里，任由朋友扔过来各种杂物，闭着眼将路演从头到尾地坚持下来。当你习惯这样的环境之后，就算准备好了。

2009 年夏天，Next Big Sound 的亚历克斯·怀特在公开路演日上像练习一样做路演。

───────────────

⊖ 加拿大籍记者、畅销书作家和演说家。他从 1996 年起成为《纽约客》杂志的专职作家。
　　——译者注

想要钱，就去寻求建议

尼科尔·格拉罗斯（Nicole Glaros）

尼科尔是 TechStars 博尔德分部的总经理。

与那些勉强接受导师辅导的创业者相比，善于在项目早期（必然在融资之前）积极接触导师及投资人的 TechStars 创业者，似乎更可能成功获得外部资本的青睐。为什么呢？

"想要得到建议，就向别人要钱；想要得到钱，就去寻求建议。"这句俗话成立，我相信其中有三个原因。

投资人说"不"的次数要比说"是"的次数多。投资人会不断受到投资请求的轰炸，这是他工作的根本所在。虽然统计数据不尽相同，但一位投资人同意投资的比例不足 1%的情况并不鲜见。鉴于问题"您会投资吗？"只有两个答案，投资人会变得非常善于迅速发现弱点，并拒绝投资请求。当面对有融资需求的创业者时，他们会顶着投资人的称号，本能地嗅出公司的缺点。不过大多数投资人也不会让你空手而归，他们会提出一些能帮助你战胜弱点的建议。

降低风险。在你开始融资之前，让投资人及导师尽早跟你的公司发生关系，使得他们在承担任何风险之前可以跟踪你的进展，并对你有所了解。在这个时候，寻求指导并不是提出答案为"是"或"否"的问题。你可以寻求开放性的建议，比如"在这市场中，采用什么商业模式收效更好？"很多人都愿意花时间指导你，让你处于一种与其他投资机会相比风险更低的状态。还有，早点接触会让他们对你的公司和你感到兴奋，不只是关心投资，这还会让他们一开始就把更多的注意力放在业务而不是回报上。

一旦提供帮助的话，他们会愿意帮到底。一旦你开始征求并采纳导师和投资人的意见，他们就更可能积极地与你和你的业务接触。只要他们看到自己对你的决策和公司的发展方向能产生直接的影响，他们就会开始觉得对成果拥有所有权。当感受到这种所有权时，他们就会花大力气帮助你走下一步。不管是通过引荐、担保、融资还是只是多花时间，如果他们觉得自己参与到了公司的创建工作，那么就会帮助你，为你的公司提供保障。

　　如果公司以后想融资，那么从一开始，在启动融资之前，就要接触一些优秀的导师和投资人。要知道何时采纳他们的建议、何时不采纳，并且及时跟对方沟通没有采纳的原因，让他们和他们的经验帮助你塑造公司、愿景、方向、产品和执行。让他们成为你团队有机的一部分，让他们看到你所取得的进展，并让他们为你正在做的事感到兴奋。当融资的时刻到来时，就会有一位支持者站在你的身边。他更有可能打开支票簿，并会鼓励其他人也这么做。

≈≈≈≈≈≈≈≈≈≈≈≈≈≈≈≈≈≈≈≈≈≈≈≈≈≈≈≈≈≈≈≈≈≈

　　在 TechStars，很多投资人都以导师的身份参与到项目中。这些投资人认识到他们是在扮演导师的角色，而且我们鼓励这些创业公司将他们视为早期顾问，而不是对他们熟视无睹。通过将这些投资人当成顾问，创业者可以与这些潜在的投资人发展真正的关系。久而久之，投资人是否有兴趣参与投资通常就会很明朗。如果投资人有意投资，那么就太好了。不过即便他们无意投资，创业者也可以从这种互动中获益。

尼科尔给创业团队提供反馈，梅根·斯维尼（Megan Sweeney）在录制，
她制作了一档视频节目"创始人"。

≈≈≈≈≈≈≈≈≈≈≈≈≈≈≈≈≈≈≈≈≈≈≈≈≈≈≈≈≈≈≈≈≈≈

要展示，别光讲述

布拉德·菲尔德

布拉德是 Foundry 集团的董事总经理，也是 TechStars 的联合创始人。

Photo by Scott Cejka

我每天都会收到不少电子邮件，要么是找我融资的，要么是把他们的新创意发给我寻求反馈的。一般来说，VC 是很少会给以陌生拜访的方式找到他们的人投资的（或者按照 VC 的话来说是不请自来——我怎么也想不明白为什么他们会用这个词）。不过，Foundry 集团不会这么做。在过去两年中，我们和投资过的几家公司（比如 Brightleaf 和 Organic Motion）最初的沟通，都是一封自我推销的电子邮件。我是非常乐意源源不断地收到陌生电子邮件的——让它们一直这样来吧！

我已经注意到最近的一个趋势，就是出现了越来越多的视频演示，这让我想起了一位老作家的格言："要展示，别光讲述。"这句话很适合你进行的各种融资路演。具体来说，我不想听你描述要做什么，我想看到它。如果你还没有把它做出来，那就拿出个样例展示给我看。给我一个网址总是更好的，即便那只是一个非常粗糙的原型，因为通常我只要简单看一下，便能更快地搞清楚你们在做什么。

我最近看过一段两分钟的视频，内容是创业者对着镜头描述他的创业理念。虽然我在 15 秒内就确定，鉴于他所关注的市场，我们是不会为他投资的。但他的创意其实还不错，所以我最后还是看完了他的视频，想看看他有没有从"讲述"模式切换到"展示"模式。不过他根本没这么做——两分钟结束了，而整个视频都是这位创业者在描述他的创意。

在我看来，这段视频就是被这位创业者浪费掉的一个机会。我完全可以阅读一段包含相同内容的文字，这个创业者完全没有充分利用这种媒介（视频）。尽管他很好地完成了一段独白，但没有尝试着做一段电视广告、电视节目或是电影。他丧失了一次机会，没有成功吸引我的注意力，无法让我有跟他进一步打交道的兴趣。

对于我认识的大多数优秀的风险投资人来说，如果之前双方互不相识，创业者要想与他们取得联系，就需要让他们对产品立刻产生兴趣，Brightleaf 和 Organic Motion 就是这种情况。这些创业者是高度可信的，更重要的是，我们立刻就对他们的产品感到激动，这让我们更有兴趣深入了解并研究参与投资的可能性。

这个内容也算是老调重弹了，不过因为某些原因还需要再次强调。那些伟大的创业者（和销售人员）就很擅长展示。

想想乔布斯是怎么做的吧。展示给我看看！

插进刀子后再转动它

大卫·科恩

大卫是 TechStars 的联合创始人及 CEO。

在 TechStars，我们很努力地教那些创业者如何"转动刀子"。不论你是在向投资人、合作伙伴还是顾客展示你的公司，在讨论你将为市场带来的惊世骇俗的解决方案之前，应该着重讲述你想要解决的痛点问题。

描述市场痛点通常是非常自然的，不过很多人都忘了这项工作。如果把描述痛点视为将刀子插进去，那么你的事还没有做完，你一定要让我能感受到这个痛点。要做到这一点，你就要慢慢地、故意地、反复地转动刀子。

2009 年，在博尔德参加 TechStars 加速计划的 SendGrid 公司在"转动刀子"上就做得很出色。他们的产品提升了软件生成电子邮件的可送达性、可扩展性、可说明性和可靠性。听起来真算个问题，对不对？下面就来看看他们是怎么转动刀子的。

"软件公司发给客户的合法电子邮件中，有 20% 最终进了垃圾邮件箱。"

啊！

"一家大型电子商务公司发现，每年的电子邮件通知中，只要有 1% 不能送达，就会为他们带来 1 400 万美元的销售损失。"

打住！

"这家公司还发现，他们发送的电子邮件中，至少有 7% 最终被标记为垃圾邮件。从理论上讲，这个问题每年会让他们损失 1 亿美元。"

求你了，别说了！

"这是一场带来惊人经济损失的疫情。现在有着数以千计的公司不能将合法的电子邮件发送给自己的客户。"

这真是在要我的命啊！

转动刀子是关键，不过要保证你在弄死他们之前停住，并将话题转换到你的解决方案上，但也别太早转换话题。不要只是给他们展示痛处，要在你继续往下讲之前，让他们求你停住。

≈≈≈≈≈≈≈≈≈≈≈≈≈≈≈≈≈≈≈≈≈≈≈≈≈

SendGrid 在公开路演日上使用了这些极端的陈述来"转动刀子"，并最终获得了 600 万美元的风险投资。他们让投资人感受到了痛苦，然后向这些投资人展示了一流的解决方案。经过数十亿封电子邮件的检验之后，他们证明 SendGrid 是一剂真正的止痛药。

大卫·科恩在第二届 TechStars 乒乓球邀请赛上，对一位软弱的对手"转动刀子"。

≈≈≈≈≈≈≈≈≈≈≈≈≈≈≈≈≈≈≈≈≈≈≈≈≈

别对估值过于乐观

柯克·霍兰德（Kirk Holland）

柯克是早期风险投资机构 Vista 风投的普通合伙人，他从 2008 年起担任 TechStars 的创业导师。

由于我是一位早期投资人，因此是存在偏见的。我觉得必须明确一点：如果你的公司取得了成功，那么你对早期投资人也要有所回报。

参与过 TechStars 加速计划的公司，历来在计划结束后都会达到 150 万～400 万美元的投资前估值。但是，这些早期公司在结束 TechStars 加速计划时其实并不是真的值数百万美元，所以我们会刻意提醒他们这一点——别去考虑什么市场行情。当某人在公司非常早期的阶段便投入 100 万美元时，如果他不向你要公司一半或 2/3 的股份，那才怪呢。

创业者通常要思考一会儿，才能理解这个简单的事实。停下来考虑一下吧。有人把 100 万美元投给一家几乎没有收入的创业公司，这当然是冒着极大的风险的。多数创业公司都会失败，这种情况下，他们就会损失 100 万美元！如果是你的 100 万美元投入别人的创业公司，你会怎么想呢？

但是，最优秀的早期投资人会为他们投入的那些钱，向这些公司要求 20%～33% 的股份。这是因为他们认识到两个非常重要的事实：首先，创业者需要保留公司的大部分股份，以维持创业的激情，并最终收获他们长时间辛勤工作带来的成果；其次，公司可能还需要融更多的资金，创业者需要有更多的股份稀释空间才行。

就估值而言，TechStars 倒是有几个高估值的异常情况，可以预见在这种情况下这些公司最终的选择非常有限。为了让投资人和创业者高兴，估值必须随着

主题 5
融资

167

时间的推移而合理增长。我们都希望未来一轮投资中新的投资人会给这些公司更高的估值，因为这些公司将会展现其价值，公司的估值就应该更高。如果你首轮融资时的投资前估值是1 000万美元，那么在下一轮融资时让估值涨到1 500万~2 000万美元，你还有很长的路要走。但是，如果第一轮融资时的投资前估值是250万美元，那么下一轮融资时获得500万美元估值会更容易实现。如果第一轮融资时估值太高，而你又不能展示这种价值增长，那么就会让投资人不高兴，或者让创业者的股权出现严重损失。不管是哪种结果，都会极大地限制你的选择机会。

要认识到你的早期投资人所承担的风险——他们跳进你的战壕与你并肩作战，将赌注压在你和你的团队身上，并承担资本和声誉受损的风险。通过接受一个较低（也被称为"特别公平"）的估值，你就是认识到了投资人所承担的风险，并确保在你取得成功时能让他们获得有意义的回报。这样一来，你的投资人就会一而再、再而三地想与你合作，因为你是一个靠谱的合作伙伴：不仅馈赠自己，也能馈赠所有的利益相关者。

≈≈≈≈≈≈≈≈≈≈≈≈≈≈≈≈≈≈≈≈≈≈≈≈≈≈≈≈≈≈≈≈≈≈

很重要的一点是，要认识到投资人并非都一样。在很多情况下，能对你的公司有所帮助的优秀投资人，要比那些给你一笔钱然后消失不见的投资人——或更糟糕，给你一笔钱，然后拿着愚蠢问题来折磨你的陌生投资人——对你更具有价值。除了不要对估值过分乐观外，你还应该尽全力找到素质最高并且最有能力的投资人来投资你，即便这样做可能意味着你要付出估值略低的代价。记住，你要跟你的投资人打很长时间的交道，所以，请做出明智的选择。

≈≈≈≈≈≈≈≈≈≈≈≈≈≈≈≈≈≈≈≈≈≈≈≈≈≈≈≈≈≈≈≈≈≈

了解投资条款清单

杰森·门德尔松（Jason Mendelson）

杰森是 Foundry 集团的董事总经理，他从 2007 年起担任 TechStars 的创业导师。

好消息是，你从某位投资人那里收到了一份投资条款清单，他想提供你特别需要的融资。坏消息是，你要试着去理解这些法律术语的意思，还要搞清楚如何通过谈判尽可能达成最好的交易。那么，你该怎么办呢？

首先，你要明白，跟那些常常投资创业公司的投资人相比，你并不擅长谈判投资条款，你也不如投资人的律师善谈。所以，第一步要确保你有一位优秀的法律顾问。

不过，这并不是说你只要把投资条款扔给律师，然后说"搞定它"就行了。有太多的重要问题需要处理，因此你需要熟悉这些条款的意思，明白哪些条款是关键的，以及如果接受某些条款，你的公司要做出哪些取舍。

一般来说，投资人在投资时其实只关注两件事——回报和控制。回报是指投资人最终可以获得的经济回报，以及对经济利益产生直接影响的条款。控制则是一种机制，让投资人能够直接对公司行使控制权，或者是可以否决公司所做的某些决定。如果你就交易展开谈判，而投资人在不影响回报或控制的条款上坚持己见，那么他们很可能是在放烟幕弹，而不是在跟你谈判细节。也可能他们根本不那么精明，或者根本就是一群笨蛋。

你应该注意的条款包括投资前估值、优先清算权、董事选举、领售权和保护性条款。在一份标准的投资条款清单中，你可以看到的其他大多数条款并不是非常重要。如果跟你谈判的投资人觉得那些条款也很重要，那么这就是在与其建

主题5

融资

立商业伙伴关系前你需要了解的重要信息。

在这些条款中，有很多都是相互依存的。对你来说，理解诸如期权池、认股权证授予和独立董事成员选举之类的条款怎样影响回报和控制是很重要的。举例来说，如果投资人要求更大的期权池或更多的认股权证，那么看起来很高的投资前估值可能就完全不是那么回事了，因为这两个要求都能稀释你的所有权。

当你真正坐下来谈判的时候，要诚实、直接。如果你是在跟一位有声誉的投资人打交道，谈论如何权衡以及一些核心问题，通常能让双方都更满意，并能在后来的合作中相处更愉快。这些谈判往往能让创业者与投资人建立起长期的关系。

≈≈≈≈≈≈≈≈≈≈≈≈≈≈≈≈≈≈≈≈≈≈≈≈≈≈≈≈≈≈≈

要了解投资前估值、清算优先权、董事会选举、领售权和保护性条款等重要条款的详细信息，请查看杰森和布莱德在 Feld.com 上发布的投资条款系列博客文章。

杰森·门德尔松参加 2007 年 TechStars 加速计划的一个活动。

≈≈≈≈≈≈≈≈≈≈≈≈≈≈≈≈≈≈≈≈≈≈≈≈≈≈≈≈≈≈≈

关注头部三分之一

布拉德·菲尔德

布拉德是 Foundry 集团的董事总经理，也是 TechStars 的联合创始人。

从天使投资人那里融资是一项艰巨的任务。我们会在 TechStars 给创业者分享一个实用的心理技巧，就是将注意力放在头部 1/3 的承诺资金上。如果承诺的资金量已经达到你这一轮融资额的 1/3，你通常会发现剩下的资金也将很快到来。这是因为，将天使投资理解为社交活动是最恰当的。如果你已经得到了 1/3 的资金，就有了领投人，或者至少有了领投人群体。

一般来说，你将会遇到三类天使投资人。第一类是潜在的领投人，他们不会踟蹰观望，只要他们高兴，就会领投这一轮。不过，这种天使投资人拒绝你的速度也很快。不管哪种情况，其实都是非常不错的。至少你很快就能明白，你是不是跟这些天使投资人站在一边。通常说关注头部 1/3，就是说要关注第一类天使投资人。

第二类天使投资人（他们是很常见的）不会很早就承诺投资，但他们希望你能让他们随时参与其中。这些人是不确定的投资人，虽然网罗这些投资人也很好，但我看到过太多创业者花费过多的时间试着将这些不确定的投资人变成领投人。我的建议是，网罗这些不确定投资人，问问他们能否告诉别人他们对此感兴趣，持续告知他们你的进展情况，并回过头来确定更多潜在领投人。

要知道，同一位天使投资人在不同的交易中会有不同的表现，所以刻板地将天使投资人归为前两类中的某一类是非常危险的。

第三类天使投资人最危险，他们都是伪天使投资人。你可能会误把他们当作第一类天使投资人，而且他们最终会让你严重分心或者浪费大量的时间。回头看看本主题前面部分的"当心伪天使投资人"，再多了解一些情况。

在心里把你遇到的所有天使投资人尽快归类，然后关注第一类，并想象他们会贡献资金蛋糕的 1/3。接下来，积极推动第二类投资人，让这些不确定的投资人确定投资或者放弃投资，以完成融资目标。你需要设定一个能让领投群体满意的截止日期，不然你是没办法让第二类投资人做出决定的。

通常，第二块和第三块蛋糕会更为迅速地一并到来。给出承诺的天使投资人，会给他们的朋友打电话来促成这笔交易，而且有些不确定的投资人也会来填补空缺。

当然，情况并不总是这样。不过关注蛋糕的头部 1/3，似乎有着神奇的效果。

创业唯快不破

主题 6 　法律和组织结构

尽管团队问题是创业的致命杀手，但那些没有记录的事情也常常会在将来成为致命问题。太多的创始人忽视了法律和组织结构的问题，认为他们可以日后再处理这些。有时候，他们这样做没问题。但有时候，他们这样做就死定了。

在 TechStars，我们在加速计划的早期就会积极邀请一些创业类律师、会计师和银行家。这些人会在计划的早期免费提供一些建议，确保参加计划的公司能够正确地设立。多数创业类律师事务所、会计师事务所和银行都会为你的公司做同样的事，只要你有要求。因为他们希望你在公司发展起来以后成为他们的客户，所以这对他们来说是一种很好的业务发展活动，同时这也是他们接触创业生态系统的一种重要而有效的方式。

在这里，我们并不是建议你过度关注法律和组织结构的问题，有些简单、合算的方式就可以将这些事情做好。现在就花点时间去理解这些最重要的问题，因为这样能为你的创业公司（和你）在创业路上省去不少的麻烦。

尽早成立公司

布拉德·伯恩索尔（Brad Bernthal）

布拉德是科罗拉多大学法学院的副教授，也是 Silicon Flatirons 公司的创业行动总监。从 2008 年起，布拉德担任 TechStars 的创业导师。

Photo Courtesy of University of Colorado School of Law

即便没有采取行动在法律意义上设立一家公司，至少从法律上来说，创业者在运营的业务也已经是一个法律实体了。很多创业者在了解到这一事实时会感到惊讶。这就像你没打算参加舞会，却发现你的父母已经为你安排好舞伴了。

就像你父母为你安排好的舞伴一样，默认的企业实体可能不是你想与之共舞的对象，就更别说是结婚了。通过下面三种关键的驱动力，你可以了解何时需要选择合适的企业法律实体，以及为何需要这样选择。

首先，限制个人曝光。问问自己，如果事情出了什么岔子，那么这家企业所产生的责任是不是应该与我个人区分开来。默认情况下，企业要么是独资经营（一个人经营），要么就是普通合伙（不止一个人）。这就是问题所在，这些法律形式不会将企业责任与所有者的个人责任区分开来。

这样一来，默认实体的所有者本人就需要为企业的问题承担责任。举例来说，你的合伙人为企业签订了为期一年的租约，结果创业失败了，猜猜谁必须负责支付剩余的租金呢？你（以及你的合伙人）！如果你的创业企业已经准备好签订合约、发布产品或承担债务，那么是时候寻求保护了。为创业企业设立一个合适的法律实体——有限责任公司（LLC）、小型股份有限公司（S-Corp）或一般股份有限公司（C-Corp）[⊖]，将企业责任与企业所有者的个人责任区分开来。设立过程并

⊖ S-Corp 是针对美国公民特有的公司形式，不用支付联邦收入税，公司的收入或损失与公司股东无关，但公司股东必须为他们个人所得报税，是单一税率的形式。C-Corp 则要承担双重税赋，就是说公司利润和股东红利都要缴税。——译者注

不算太复杂，你的企业也不需要永远保持一种形式。例如，从有限责任公司的形式转换成一般股份有限公司就相当简单。

其次，锁定你的知识产权（IP）。确保你没有在不经意间将关键的知识产权遗留在公司之外。如果你的公司是技术创业公司，而且公司的宝贵财富都关乎它的知识产权，那么你肯定想要保护知识产权！这听起来很容易，不过做起来就不那么简单直接了。举例来说，来到科罗拉多大学法学院的创业法律诊所的公司中，大概超过半数的公司都曾经仅凭口头协议就与独立技术外包商合作。在了解到技术外包商研发的知识产权完全归技术外包商（而不是公司）所有时，这些公司都感到很震惊。一种简单的解决方法，就是在与独立外包商合作时，要与他们签订书面合同，明确规定知识产权归公司所有。通过设立法律实体，就更容易达成将知识产权归属给公司的协议和规定。

最后，决定谁拥有什么。在组织一家公司时，要在各创始人之间梳理其对公司的所有权。所有权的纠纷是创业公司的杀手。当然，讨论所有权的问题是一件很微妙的事，但是通常在企业成功之前解决所有权问题总是会简单一些，不然等见到真金白银时再争破头就不好了。此外，如果创始人没法尽早对所有权问题进行讨论，那么很可能是未来沟通失败的警示信号。

没有解决好所有权问题，经常会导致出现一位狮子大开口的创始人。想象一下，有一个由四个朋友组成的团队，他们在一起开发一种产品，但从来没设立一个实体或谈论所有权比例的问题。六个月后，团队成员之一因为生活原因（毕业、结婚并搬走了或找了份"真正"的工作）而离开团队，剩下的三个人继续坚持。两年之后，公司上道了。离开的那个人知道公司成功了，觉得他的贡献对公司来说是最重要的部分，然后回来向你要公司 25% 的所有权，你们该怎么办？设立公司，并明确确定各自的所有权，就可以预防这种问题的发生。

≈≈≈≈≈≈≈≈≈≈≈≈≈≈≈≈≈≈≈≈≈≈≈≈≈≈≈≈≈

初次创业者有一个非常不错的资源，就是他们当地的大学。大多数的大学都至少会有一位专注于创业的教授，很多大学有创业服务项目和学院，不过别把你的目光仅仅局限在商学院。正如布拉德以及他在 Silicon Flatirons 的团队所展示的，法学院经常能成为创业教育的来源。除此之外，大多数实际的

法律和组织结构 **主题 6**

创新，都发生在其他院系，比如工程、计算机科学和生命科学。

尽管能从大学获得与创业有关的建议和机会，不过只有当大学与当地的创业者群体接触之后，才会迸发出真正的力量。在麻省理工学院和斯坦福大学发生的创业故事是广为人知的，不过创业故事的来源并不局限于那些顶级学校。科罗拉多大学在博尔德与参加 TechStars 加速计划的公司（特别是与 Silicon Flatirons 公司）有着良好的接触，让它们参与创业法律诊所，在科罗拉多大学法学院的沃尔夫楼内为它们举办新技术交流会，并让它们参加布拉德·菲尔德和布拉德·伯恩索尔合办的创业先锋系列活动。

别忽视大学的力量以及大学与创业者群体的接触，特别是在你公司刚起步的阶段。

≈≈≈≈≈≈≈≈≈≈≈≈≈≈≈≈≈≈≈≈≈≈≈≈≈≈≈≈≈≈≈≈≈≈≈≈≈≈

选择正确的公司架构

布拉德·菲尔德

布拉德是 Foundry 集团的董事总经理，也是 TechStars 的联合创始人。

Photo by Scott Cejka

当你创立公司时，需要选择自己想要的企业实体类型。有两种合理的选择（小型股份有限公司或一般股份有限公司），还有偶尔会冒出来的第三种选择（有限责任公司）。最佳选择取决于你打算走的融资路线。

小型股份有限公司（S–Corp）。如果你根本不打算从 VC 或天使投资人那里融资，那么小型股份有限公司将是最佳架构。因为这种公司具备所有的税收优惠（具体来说，小型股份有限公司享受的是单一税率，而一般股份有限公司则可能要承担双重税赋）及合作关系灵活性，而且也具备一般股份有限公司的责任保护。

一般股份有限公司（C–Corp）。如果你打算从 VC 或天使投资人那里融资，那么一般股份有限公司就是最佳架构（而且通常是必须的）。VC 或天使投资人支持的公司，最终几乎总是会发行多种类型的股票，而这对小型股份有限公司而言是不允许的。由于 VC 或天使投资人支持的公司在最初的一段时间会出现亏损（这也正是你想要得到投资的原因！），所以双重税赋的问题也会延后一段时间才体现。而且 VC 或天使投资人支持的公司开始赢利后，也不大可能会将赚到的钱分配出去。

有限责任公司（LLC，limited liability corporation）。有限责任公司通常会替代小型股份有限公司（相似的构成），尽管有限责任公司更难有效地授予股权（有限责任公司授予成员席位，而小型股份有限公司或一般股份有限公司则授予期权，大多数员工都能理解期权并且有过持有期权的经历，而很多员工则不理解成员席

法律和组织结构 主题 6

177

位）。有限责任公司的形式对所有者数量很少的公司来说非常不错，不过对所有权开始分散给很多人的公司来说，就不大合适。

尽管有限责任公司与小型股份有限公司相比有很多优势（发行不同证券的能力、易于设立、经营协议不拘一格、较低的州税、非美国籍的投资人），不过 VC 基金通常不可能（或不想）投资给有限责任公司。如果 VC 投资给有限责任公司，那么就会承担 UBTI（Unrelated Business Tax Income，非相关业务应税所得）的税收风险。VC 基金的出资人 LP 通常不愿意看到这种收入，而且大多数基金都会在基金合伙协议中由条款约定，要尽最大努力不让基金产生 UBTI。因此，VC 基金通常不愿意投资给有限责任公司。

能干的创业者会说："好吧，不过我还没准备好接受 VC。我现在就创立一家有限责任公司，等到一年后我向 VC 融资时再将公司转换为一般股份有限公司。"好吧，不过要将有限责任公司转换为一般股份有限公司，必须经历一次完全的合并过程。就是说要创建一个新的实体，再给这个新的实体设立一家全资子公司，这家子公司要合并入这家有限责任公司，让这家有限责任公司变成母公司的子公司。简单来说，就是一个很复杂的过程，让那些律师和会计师可以从中捞上一笔。

不过，要将小型股份有限公司转换成一般股份有限公司就很容易，只需要选择（或者，实际上是取消选择）复选框式的纳税选项。这个过程可以在一天内完成，只需要一张纳税申请表就好了。不要律师，不要会计师，没有费用。因此，尽管有限责任公司有一些好处，但将有限责任公司转换为可投资的实体付出的成本要高得多，而且通常不值得做这些额外的工作。

与早期公司或 VC 支持的公司有过合作经验的资深律师，可以为你快速、方便而且便宜地处理这些事情。这样的律师通常是最佳操作样本的最佳来源，因为这是一种常规工作，而且只需要一些简单的样板文件和备案工作。

回到特拉华州

乔恩·泰勒（Jon Taylor）

乔恩是 Kendall, Koenig & Oelsner PC 公司的一位合伙人，他从 2008 年起担任 TechStars 的创业导师。

假设你已经忙活了几个月，就快完成种子期融资了。从最初的路演、条款清单、尽职调查，到确定的文件，你终于到达了终点线，并预定在感恩节的前一天搞定一切。然而，还有一个关键问题没有解决。你的法律顾问告诉你，尽管你付了 700 美元来获得当日服务，不过经过修订和重述的公司章程无法及时提交，因为加利福尼亚州的州务卿否决了这些章程。看起来是州务卿办公室的律师认为，章程中规定公司的某些行为要经过"董事会多数成员，包括有优先权的董事"批准的条款，是与加利福尼亚州的法律相冲突的。尽管公司和投资人的法律顾问在过去备案时也曾设置过同样的条款，而且加州法律中也没有具体法条禁止这样的条款，但备案工作还是没能及时完成，交割工作又需要推后至少 5 天了。在加利福尼亚，这样的事情经常发生。但在特拉华，这种事情是不会发生的。

避免加州州务卿聘请的律师随性而为，是你要在特拉华州设立公司的原因之一，但这不是主要原因。人们普遍认为，特拉华州的公司法是对公司有利的。这不仅是说特拉华州在股东制定公司治理的具体条款方面提供了灵活性，有着让股东顺利完成公司备案的体制，更重要的是特拉华州有着完善的公司法，这为管理层和董事在不同情况下履行受托人义务提供了依据。简单来说，特拉华州的法律让公司创始人、投资人和董事对他们与公司及利益相关人的关系有了确定和统一的认识。

通常来说，公司法在美国都是州法。每个州都有权制定自己的规则和条例，规定公司该如何设立和运作，规定董事会、管理层和主要股东的受托人义务。有些投资人在多个州都有投资，对于这些被投公司的法律结构和作为董事会成员的受托人义务，他们需要明确的法律依据。对这样的投资人来说，公司法就可能给他们带来不确定性。因此，投资人普遍会鼓励或要求他们的投资组合公司在特拉华州设立公司。特拉华州的判例法，为董事在某些情况下应该如何采取行动提供了明确的依据。在过去 90 年左右的时间里，特拉华州的法院完善了一些概念，比如与董事会决策相关的商业判断规则，以及与在公司出售案中董事会的受托人责任有关的露华浓（Revlon）和优尼科（Unocal）测试标准。大多数情况下，特拉华州的法院已经认识到了企业固有的风险，而且不会试图对董事会的决定做事后评论。例如，根据企业判断规则，特拉华州的法院会判定董事的行为是"在知情的基础之上，真心实意为了公司最佳利益才采取的"，而且除非是在极为特殊的情况下，否则不会复审这样的行为。

而其他州则没有这样的判例法来指导董事从公司的角度出发制定决策，这就会给董事为了履行受托人义务而需要采取的正当行动带来不确定性。虽然公司律师可能认为某个州的法院也会遵循特拉华州对某个问题的指导原则，但这些法院是没有义务这样做的。只要是在特拉华州设立的公司，就可以避免这种不确定性。

~~~~~~

乔恩的建议看起来可能过于专业了，不过他的建议真的很重要。我们已经见识过很多奇怪的情况，因为公司是在不同州设立的。加利福尼亚州的法律与得克萨斯州的法律不同，德克萨斯州的法律又与伊利诺伊州的法律有所区别，而伊利诺伊州的法律又与马萨诸塞州的法律不一样，50 个州就有 50 种法律。很多律师不了解除了他们所在州之外其他州的公司法，或者更糟，他们自认为自己知道，并因为他们的不了解而让你立刻陷入麻烦。干脆简单点，来特拉华州设立公司吧。

~~~~~~

律师不一定很费钱

迈克尔·普拉特（Michael Platt）

迈克尔是 Cooley LLP 律师事务所的一位合伙人，他从 2007 年起担任 TechStars 的创业导师。

律师太贵了，我们只是一家悄悄设立、精力旺盛的创业公司。我们只能使用家庭律师，或者更好一点，自己去申请有限责任公司营业执照。当我们完成产品原型并收到 VC 的投资条款时，我们可以将我们搞乱的一切都恢复好。我们一开始就要将分配好股权，这样就可以避免以后出现争端。

——节俭的创业者

法律和组织结构

主题 **6**

这就是应用 80/20 法则的一个很好例子，80% 的情况下，这是性价比最佳的答案。不过 20% 的情况下，会发生一些出乎意料的事。你觉得出乎意料，是因为你没机会见到 300 家创业公司的设立和融资。举例来说，就拿一种我见到过六次的情况来说吧——互为亲密朋友的几个合伙人划分了公司的股份，之后有个人因为承受不了低收入或是因为遇到了真爱就远走高飞了。如果没有合适的股份兑现协议，你注定要跟那个没有同你一起吃苦的人分享蛋糕了。简单的错误数以千计，既有花钱就能解决的糟糕决策，也有可能破坏融资计划的致命问题。

好了，那么你决定把事情做对了吗？不过鉴于律师是按小时收费的，而且确实要花很多钱，你该如何让这笔费用得到控制？以下是让法律费用得到控制并且仍然确保结果有效的几个重要思考。

首先，花点时间为你的企业选择合适的律师或律师事务所。你想要的是一个与上百家创业公司共事过，也与你想赶超的公司共事过的人。大多数公司在创立时所犯的错误，并不是违法行为或是糟糕的律师工作，而是糟糕的决策或结构问题，可能只是因为你的律师不精于此，所以没有发现。如果你打算寻找投资资本，去找你的目标投资人寻求点建议吧。

其次，与你的法律顾问预先讨论一下预算。问问他，你亲自做点什么和法律工作无关的跑腿活（比如资本结构表、收集交割文件签名、准备协议附录）就能省下一笔支出。与此同时，也不要捡了芝麻丢了西瓜。如果你的团队里没人习惯做那些需要精确度的事情，那么那些你不如律师做得好的事情还是交给律师好了。例如，有些公司就是自己管理期权的授予和记录的。不过，如果这种授予或记录工作不够健全，那么在融资的尽职调查环节就可能存在风险，或者更糟，出现对离职员工的责任风险。

努力与律师事务所的主要联系人建立合作关系，让他成为你导师团队中的一员。确定他能理解你的产品、你所关注的市场、你基础商业计划以及你团队的能力。把他介绍给公司的关键成员，并让他与那些将帮助你制定企业或业务决策的导师交谈。如果你很早就做这些，那么大多数律师愿意自掏腰包来投入时间。

做"即时"的法律工作。在公司发展的第一年，你会希望得到一些有关公司注册、创始人的股权、雇佣和咨询项目、股票期权和其他股权激励、商标及专利保护、商业秘密及保密问题、授权、认购或商业模式协议以及融资策略（包括种子资金）等问题的建议。不要想着一次搞定所有事情。问问你的律师现在需要做些什么，并问问随着时间的推移该如何增加预算。

在你与合伙人就股权分配、股份兑现安排和基本管理问题达成决议之前，不要开始起草文件。如果你在进行种子融资或是商业交易，那么要拟定详细的投资条款，并确定你在起草最终的法律协议之前，已经与所有（或几乎所有）参与方达成一致意见了。尽管起草最终文件需要花钱，但因为条款不明确而反复修订之前起草的内容，才会给公司带来预算外的法律开销。

如果你的公司是一家有前途的创业公司，有强大的市场影响力或者充分可靠，或者有过成功的创业项目，你的律师就可能会愿意在收费上冒些险。如果你的公司不属于这类公司，无法支付前期费用来聘请律师，那就想点办法向律师展示公司有前景的一面，争取让他成为你的第一位投资人。有些律师事务所愿意为少数行动而放宽支付条件。与此同时，要记住你的法律顾问并不是投资人，而且你可能不希望他拥有你公司的大量股权，所以不能按照用股权换多少免费服务的方式来挑选律师。那些愿意在法律预算上承担全部风险的律师之所以现在为你免费服务，那都是有原因的。付出总有回报。

　　当你在设计那些构建商业模式的法律协议时（例如服务条款、终端用户许可约定、收入分配约定、隐私政策等），不要寻求什么标准形式。虽然商业律师知道起草合同时"拿来主义"是行不通的，但你在起草商业模式协议时，肯定不希望你的律师说："当然，我会马上给你发送一份表格的。"这种业务关系绝不是标准做法。花点时间与那些只做技术交易的律师交流一下，在律师落笔之前想清楚你的商业模式。然后就要乐于投入，第一次就把事情做对（或接近做对）。

法律和组织结构　主题 **6**

股份兑现机制对你很有用

乔恩·福克斯（Jon Fox）

乔恩是 Intense Debate 的创始人及 CTO，这家公司用他们的新型对话工具来替代用户博客的标准评论系统。Intense Debate 在参加了 2007 年的 TechStars 加速计划之后，获得了 50 万美元的投资，并在 2008 年被 Automattic 收购。

很多创始人都把股份兑现看作纯粹为投资人设计的东西。在创始人看来，股份兑现只是投资人保护其投资、并让创始人一直不离开公司的一种手段。尽管确实是这样，不过股份兑现对创始人来说其实也是一件好事。

如果你对股份兑现的概念不太了解，那么简单来说就是让你在一段时间内逐步获得股份，而不是在公司创立之时就一次性拿到股份的一种机制。完全兑现所有股份所需的时间不尽相同，不过通常是四年。兑现的频率也不尽相同，可以一年一次、一季度一次或者一月一次。

为什么说不要一次性拿到所有股权对创始人来说也是不错的做法呢？因为在有联合创始人时，这种做法就能派上大用场。很多情况下，在对待联合创始人时，你的动机与投资人的动机是一致的。你希望你的联合创始人能留下来，希望他们充满激情，能保护你自己的利益。如果没有股份兑现的措施，那么当你的一位联合创始人决定离开公司、突然无法工作或是觉得需要换一个工作挣点钱时，你就没有依靠了。在这些情况下，联合创始人再也不会为公司做出贡献。如果你没有股份兑现协议，他们将会拿到所有股份，这不仅意味着你会付出更多而得到更少，投资人也会因为大部分股权掌握在外人手里，而不再愿意投资。

我们在 Intense Debate 也遇到过类似情况。我们一开始有三位联合创始人，那时候大家都有其他工作。随着我们取得一些成绩，并参加 TechStars 加速计划，我们三人中有两人决定放弃当时的工作，全心全意投入到 Intense Debate 的工作之中。几个月之后，第三位联合创始人也辞去了他的工作，并将所有时间都放在 Intense Debate 上。不过事情对他来说并不顺利，因为我们还没有完成融资，所以他每天要工作很久，却没有任何报酬。而且他本来也没什么钱，一个人来到远离家人和朋友的地方，因为种种问题弄得婚姻关系也很紧张。最终，他决定离开 Intense Debate，转而参与其他事情，让他的个人生活重回正轨。

这本是一件可能给我和另一个创始人带来很大影响的问题。如果离去的创始人还保留原有的全部股权，那么这不仅意味着我们要在做更多工作的情况下拥有更少，而且还要担心这会吓走那些潜在的投资人。好在，我们三个已经就股份兑现时间安排达成了协议。因为只跟我们一起共事几个月，这位离开的合伙人只得到了他原始股权中很少的一部分。最后，一切都搞定了。他得到了他的股份，并且对结果非常满意。而我们也保留了足够的所有权，让我们自己觉得值得继续下去，并找到填补空缺的人，完成融资。我们的投资人也认为，股份的价值控制在了合适的人手上。

虽然有些创始人会把股份兑现当成一种风险，但在很多情况下，这种安排确实能帮上他们的忙。关键在于理解股份兑现条款，并确保每个人都对这些条款感到满意。

≈≈≈≈≈≈≈≈≈≈≈≈≈≈≈≈≈≈≈≈≈≈≈≈≈≈≈≈≈≈≈≈≈≈

乔恩的关键观点是股份兑现可以保护每位创始人，这是股份兑现最重要的一点。我们经常听到创业者说，他们的律师或顾问鼓励他们尽快、尽可能多地持有自己的股份，从而让他们免受投资人的不公正待遇。这是一个糟糕的建议，说明律师或顾问缺乏经验和远见。

早期阶段的公司通常需要很多年才会取得成功。一开始，所有创始人都会为他们计划要走的这条路感到兴奋。不过要想成功，他们就必须在旅途中互相忠诚。尽管股份兑现的周期不一定是四年（通常从两年到八年不等），但四年已经成为一个获取创始人股权的可以接受的周期。基本上如果所有人四年后都还在公司的话，他们就会拿到属于自己的全部创始人股份。

乔恩与他的联合创始人提前就股份兑现达成协议，一开始就定好了规矩。当某位创始人不能与企业同舟共济时，因为规矩已定，所以一切都很明确。

法律和组织结构

主题 **6**

一旦同意某位创始人离开，就没什么别的决定要做了。

现在，有很多创始人与投资人出现冲突的情况，当然也有很多创始人很早离开公司而无法兑现部分创始人股份的情况。尽管这是需要注意的事情，不过一般还是很容易搞清楚潜在投资人通常会如何处理这种情况的。如果他们能够公平地处理这种情况，你就不需要担心太多。而如果他们做不到，你就应该认真考虑要不要优先考虑他们的投资。

2009 年，乔恩·福克斯（左）和乔希·弗雷泽回到 TechStars，跟一批参加加速计划的新公司分享他们的经验。是的，乔希太完美了。

你姐夫可能不是合适的企业律师

布拉德·菲尔德

布拉德是 Foundry 集团的董事总经理，也是 TechStars 的联合创始人。

Photo by Scott Cejka

创业者很讨厌把钱花在律师身上，尤其是在创业早期。我自己就是一个很好的例子——我跟合伙人在特拉华州花了 99 美元注册了我的第一家公司菲尔德科技，我们亲自撰写了一份一页纸的合同，直到公司成立七年后，开始针对公司出售事宜进行谈判的时候，我们才聘请了律师。那时候，因为我们几乎无法提供收购方所要求的正式文件记录，所以付出了很多成本。不过还是很幸运的，因为我们的企业非常简单，除了最初的三位合伙人之外没有别的投资人或股东，在企业发展的过程中也没有出现过任何诉讼。

卖掉菲尔德科技之后，在进行我的初次天使投资（投资给 NetGenesis）时，我了解到了律师是如何与创业公司合作的。起初我还是很抗拒，不过接着就意识到我要把自己 25 000 美元的血汗钱投给 NetGenesis，并希望确保我的所有权股份被妥善记录了。好在这家公司找到了特别优秀的创业律师（乔·哈兹玛，Joe Hadzima，那时在波士顿特别出名的一位为早期公司提供咨询的律师）。我们以较低的费用正确记录了各种事情，包括为六个创始人设计的股份兑现计划，这六个人很快就变成了四个人，早早跑掉的两个人只兑现了少量的股份。

在进行天使投资的三年里，我成了早期创业方面的专家。法律方面的工作让我深感疲惫，特别是在几乎不相干事务上无休止的沉闷谈判。我觉得，多数谈判和相应的文件都可以缩减成填空练习。不过，律师很少会让创业者（尤其是经验不足的初次创业者）这样做。

法律和组织结构

主题 6

当律师有过跟创业公司共事的经验时，做事情所花的时间往往比需要花的时间更长一些，不过总算是能够完成的。不过，当这些律师经验不够丰富时，事情可能会很快脱离轨道。我已经跟各种各样的律师（包括房地产律师、刑事律师、劳动仲裁律师、人身伤害律师和离婚律师）面对面进行过投资谈判了。尽管这些事情可以成为娱人娱己的情景喜剧素材，但其实它们是毫无意义的烦人活动。

所有这些不熟悉创业事务的律师，都与创业者有着某种私人关系（妻子、大学时的老朋友、父母的朋友、老师等），所以他们之间一般都是深度信任的。这就让谈判变得更为艰难，因为"你不理解，事情不是那样的"表述，对任何一方来说都是毫无意义的。这种情况下，很快就能让人恼怒，因为没什么比跟一个离婚律师谈股份兑现协议更加奇怪的事情了。要知道，离婚律师认为他们的当事人应该"不管怎样，马上就要得到所有的东西"。

根据我的经验，创业者在这种情况下的最佳做法是找一位合适的律师来帮助自己，而投资人的最佳做法是建议创业者找一位合适的律师。做这件事是需要策略的，因为那些不合适的律师的第一反应是告诉创业者这只是一种谈判策略。这种情况我已经搞定过很多次了，而且有那么几次，我就是直接告诉创业者，如果他是在认真做某件事的话，那就直接给我打电话。

我已经不再尝试去跟非本领域专家的律师合作了——杀死我那么多脑细胞简直是不值得。合适的律师，能让你少花时间、少遇麻烦。那些不合适的律师，就算是你姐夫，也可能把事情给搞砸了。不管怎样，还是找合适的律师吧。

要不要 83（b），这不是问题

马特·加利根（Matt Galligan）

马特是 SimpleGeo 的联合创始人及 CEO，他曾是 Socialthing 的创始人及 CEO。Socialthing 是一家制作数字生活管理器（将用户在网上做的事记录在一起）的公司。参加了 2007 年的 TechStars 加速计划之后，Socialthing 从一些天使投资人那里获得了 30 万美元资金，并在 2008 年被 AOL 收购。

在生活中，你需要签署某些文件，这些文件明显比其他文件更为重要，比如结婚证书、孩子的出生证明以及你的遗嘱都是如此。不过作为创业公司的创始人，你应该往你的清单里多加一项——83(b)选择。[⊖]

这究竟是什么呢？首先，我们先来了解一下限制性股票，因为，所有创业公司的创始人都应该明确知道限制性股票究竟是什么，以及它会如何影响他们。具体来说，限制性股票通过股份兑现时间表，使得你的股份随着时间的推移逐步兑现，而不是一次获得。尽管创业者在创办公司时没考虑过联合创始人会背叛他们，或者可能是不够精明，不过联合创始人中途离开的情况往往多于预期。因此，限制性股票可以设置保护措施，让公司可以在某位创始人不作为或是决定离开公司的情况下收回最初授予他的股份中的一部分。每家创业公司都应该使用带有兑现时间表的限制性股票，从而在出现某位创始人早早离开的情况时保护其他创始人的权益。

在将股份授予你的那一天，你不必把这种收益报税。不过，一旦开始将这些股份兑现，你就必须着手为兑现的股份所增加的价值报税。除了公司正常的业务增长外，导致股份价值增长的因素还有很多，比如公司在融资时获得了较高的估值或是公司被收购。即便公司没有被收购，每当出现股份增值的事件，你就必须

⊖《美国国内税收法》（Internal Revenue Code）的第 83 章(b)节。——译者注

根据股份的价值纳税。如果你公司的总价值是 1 000 万美元，你持有公司 10% 的股份，那么你就必须根据所持股份价值纳税。不过，因为这里股份的价值都仅仅停留在纸面上，所以你不用真的掏钱出来缴纳税费。我知道你可能在想什么，你是对的——这真恶心。

我在这里要告诉你，其实还有另一种方法。而且，这是我历尽千辛万苦得到的第一手经验。

在《美国国内税收法》中，有一个神奇的章节叫作第 83 章(b)节"选择"。这种选择，允许你在被授予股权之初就可以为此缴税，而不考虑兑现的问题。你要这样做的原因在于，当你成立公司时股权可能是处于价值的最低点，而这样一来你需要支付的税费可以说是微不足道的。

我们假设有一家名为 ACMESpace 的公司。当 ACMESpace 成立时，每股股票的价值是 0.001 美元（1/10 美分）。ACMESpace 公司很成功，在两年时间内茁壮成长，并被 BIGCorp 以 1 000 万美元的价格收购。如果公司总共有 100 万股股票，那么每股的价值就是 10 美元。显然，这跟最初 0.001 美元每股的价值相比大不相同。如果在交易结束后将股票全部兑现，而我拥有公司 20% 的股份，那么就要为 200 万美元的收入缴纳所得税（税率 35%），除非我选择执行第 83 章（b）节。这样我就只需要为 200 美元的收入缴纳所得税（税率 35%），剩余的 1 999 800 美元则缴纳资本利得税（基准税率为 15%，但最高可达 20%）。

2008 年 8 月，在我们将第一家公司 Socialthing 出售给 AOL 时，我们就犯了这样的错误。当成立这家公司时，律师给了我们 83(b)选择表，让我们填写并签署之后邮寄给 IRS，[⊖]不过我们从未将其邮寄给 IRS。不过让人为难的地方是，你必须在股权授予你的 30 日之内提交这个选择表，否则就永远失去这项选择了。所以这里所描述的情景真是太现实了。因为我们忽略了将一份特别简单的文件寄出去的事情，结果在出售公司时就多缴纳了大量本可以不必缴纳的税款。

这个故事的寓意是：如果你已经设立了公司，那么要向你的法律顾问核实清楚你是否已经提交了 83(b)选择表。如果你已经准备好创办公司，那么在你准备好授予创始人受限制股票之后，马上就要确定你已经签署并提交了 83(b)选择表。

切记：千万不要重蹈我们的覆辙。

≈≈≈≈≈≈≈≈≈≈≈≈≈≈≈≈≈≈≈≈≈≈≈≈≈≈≈≈≈

尽管马特现在已经看淡了他与其合伙人之前所犯的错误，但我们遇到这种事情时，其实都是很痛苦的。AOL 和 Socialthing 达成了收购条款，律师已经在起草文件，并将 Socialthing 的尽职调查材料汇总在一起。布拉德在他阿拉斯加州荷马城的家里，很清楚地记得马特给他打的电话，因为当时他正在加油站给汽车加油。马特说："布拉德，什么是 83（b）选择？"布拉德回答道："马特，你别告诉我你没有填过 83（b）选择表。"马特接着回答道："我没有，那是什么东西？"

在接下来的几天里，除了这笔交易所带来的正常压力外，马特还不得不忍受布拉德和律师的大量电话，整理股票兑现情况、股票在不同时间点的即时价格，并最终汇总出未受 83（b）作用的税费电子表格。尽管马特和他的联合创始人为没有填写 83（b）选择表而感到沮丧，不过他们也承认，律师其实给过他们申请文件和邮寄这些文件所需的信封，只是他们根本没拿出时间来做这件事。

最后，事情都解决了。因为没有做出 83（b）选择，马特和他的联合创始人支付了更多的税款，但这笔交易达成了，大家还是很开心的。

现在，当在 TechStars 有人问我们关于 83(b)选择的问题时，我们就说："去问问马特·加利根吧。"通常，这样就可以了。

2008 年夏天，马特·加利根和 Socialthing 的其他团队成员在公开路演日讨论他们被 AOL 并购的事情。

≈≈≈≈≈≈≈≈≈≈≈≈≈≈≈≈≈≈≈≈≈≈≈≈≈≈≈≈≈

法律和组织结构 主题 **6**

主题 7　工作与生活的平衡

大多数玩创业游戏的人，都有着惊人的工作热情。作为公司的创始人，没有惊人的工作热情是很难成功的。不过从我们的经验来看，最优秀的创业者也知道如何停下脚步、放松身心。他们会找到属于自己的平衡点，使自己成为更强的创业者。

在 TechStars，我们经常会跟那些年轻的初次创业者共事。对于持续工作才能走向成功的神话，他们中的大多数人都深信不疑。而我们则认为，你只需要有效地工作。这两种观念存在巨大的差异。

要做到有效地工作，就需要偶尔给自己充充电。有些人只需要每隔一段时间休息一周就能做到这一点，而其他人则可以通过骑骑自行车来做到。工作和生活的平衡有着很多的形式，我们每个人都需要找到属于自己的方式来实现这种平衡。

即便是在 TechStars 加速计划繁忙的 90 天时间内，我们都会试着提供这种平衡。我们会组织一些远足活动，找个地方泡吧，甚至晚上出门去红石露天剧场看场电影。在投资人开放日的前一天，我们会给这些创始人放一天假，让他们放松一下。我们还会在临近投资人开放日时，给创始人们找来按摩师，给他们的这种惊喜也已经是出了名了。在 TechStars，一切都发生得很快，不过这些小事情实际上还会进一步提高生产力。

我们的基本观点就是，如果没有这种平衡，你迟早会失败的。

发现工作与生活的平衡

布拉德·菲尔德

布拉德是 Foundry 集团的董事总经理，也是 TechStars 的联合创始人。

实现工作与生活的平衡，这个挑战是很多人所要面对的中心主题，尤其是创业者。我花了 15 年时间，经历了一段失败的婚姻，并且现任妻子几乎离我而去，最终才认识到搞清楚工作与生活的平衡对我而言意味着什么。现在我可以从容淡定地说，我已经知道了，而且我的生活也因此显著地改善了。

当我 19 岁还在麻省理工学院上学时，我就创立了第一家公司。我如痴如醉，特别努力地工作，通常都是乐趣十足，几乎总是超负荷运转。我承担过多义务，习惯性地把自己搞得精疲力竭。在 24 岁时，我经历了一次失败的婚姻，体型大为改变，用我一位特别好的朋友的话来说，就是从"骨瘦如柴的布拉德"变成了"又老又胖的布拉德"。

在那段时间里，我的工作非常成功。我创立的第一家公司菲尔德科技被一家上市公司收购了。接着我又帮助几家公司创立或融资，它们后来均被收购或成功上市。另外，我还参与创立了一家风险投资公司。因为我取得的成就和正在做的工作，我在创业者群体中广为人知，而且深受尊重。

不过，我的生活完全是一团糟。周一到周五我都在外漂着，直到周五很晚才筋疲力尽地回家。整个周末，我的妻子艾米只能面对无精打采的我。我会睡上很久，然后坐在电脑前把一周内没啰嗦完的话讲完。即便是外出，我也总是显得疲倦且孤僻。这种疲劳周而复始，每半年我就会彻底崩盘一次。有一次，我和朋友去夏威夷度假，前四天我每天都要睡上 20 小时。我睡得太多了，以至于艾米觉得我的身体肯定出了什么问题。我喝酒很多，没有控制住自己的体重，感觉身体很难受。我喜欢我的工作，却忽视了工作以外的一切。

在我 34 岁那年，有一次与朋友一起度周末，我完全心不在焉，一心想着（为一家最终失败的的公司）完成一项困难的交易。艾米对我说："我受够了。我不是疯了，我只是不想再这样下去了。要么你改，要么我们玩完。"

这让我幡然醒悟！在那个周末剩下的时间里，我们讨论了改变意味着什么。在那个周末之后，我们就制定了一套明确定义的规矩，而这些规矩已经随着时间的推移不断演变。随着我不断了解平衡的意义，这些规矩也演变成了习惯，其中包括花点儿时间外出、生活晚餐、分隔空间、活在当下和冥想。具体如下。

花点时间外出。艾米和我每个季度都会花上一整周的时间度假（我们会根据这是一年中的哪个季度，而将其称为"第 X 季假期"）。这段时间内，我们会彻底"消失"。不带手机，不看电子邮件，不用电脑，不参加电话会议。不过我的助理知道怎样找到我，以防万一出现什么紧急状况。在那一周，我会彻底远离工作。

生活晚餐。每个月的第一天，我们都会雷打不动地进行一项我们称之为生活晚餐的活动。我们偶尔会邀请朋友，不过通常都只是我们夫妻俩共进晚餐。我们还有一个互相交换礼物的仪式，交换的礼物既有不值钱或荒唐的（比如"放屁机"），也有昂贵或浪漫的（比如珠宝首饰）。我们会在这个晚上谈论过去的一个月和接下来的一个月，再谈回到当前的现实。

分隔空间。我们有几套房子，其中包括在科罗拉多州博尔德山区的房子，以及位于阿拉斯加州荷马城的房子。这两套房子里都有很不错的办公区域，是与房子的其他部分隔开的。我们只在办公区域安装了电话，而且由于某种自然因素，我们的手机在博尔德的家中是没法使用的。我们将自己的房子当作远离世俗纷扰的休养所，尽管我们在家时也会做些工作上的事，不过家里的工作场所是跟房子的其他部分完全隔开的。

活在当下。艾米常对我说："布拉德，有点人样吧。"这是个信号，表明我当时有点心不在焉，有事困扰着我，要么就是我累了。不论何时出现心不在焉的状态，只需要这样简单一句，便能将我拉回来。

冥想。我其实只是比喻性地使用了这个词——每个人都应该按照自己的方式冥想。在 35 岁那年，我迷上了马拉松运动，每周花上 6～10 小时跑步，就是我现在的一种冥想方式。我还是个如饥似渴的读者，每周会有 10 小时的阅读，来延长我的冥想时间。做你想做的事，不过也要把一些时间留给自己。

这些习惯让我的生活形成了体系，促进和加强了工作与生活之间健康的平衡状态。我的工作曾经压倒一切，现在仍是我生活的中心部分。不过，它不再是我唯一的重心了，也不再是我生命中最重要的事了。我所发现的平衡，帮助我理解了其他事情的价值，这让我的工作以及更重要的——让我的生活，变得更有价值了。

工作与生活的平衡

主题 7

去实践令你有激情的事

埃兰·伊格奇

埃兰是 Harmonix Music Systems 的联合创始人及 CTO，这家公司开发了著名的电子游戏《吉他英雄》和《摇滚乐队》。从 2009 年起，埃兰开始担任 TechStars 的创业导师。

Photo Courtesy of Harmonix/MTV

有两样东西能让我很有激情，就是音乐和做东西。当我回顾自己过往生活中所发生的事情时，基本上都与这两样相关。6 岁那年，父母给我买了乐高积木；11 岁时，我开始吹奏黑管；到了 15 岁，我为自己的 Apple IIe 电脑编写了一个机器语言程序，用来播放带有六音和弦的数字音乐。我费了很大工夫将贝多芬第九交响曲乐谱中的每个音符用机器代码输入到程序中，这是我第一次将两种热爱的事情结合起来。我当时根本没有意识到这一点，虽然现在回想起来是这么回事。

在麻省理工学院读完本科和研究生，拿到工程和音乐的学位之后，我跟好友亚历克斯·里格普洛斯（Alex Rigopulos）创立了 Harmonix。与其他创业者不同的是，我们不是为了成为创业者才创立公司的。我们创立公司是因为我们怀着一个使命，即让世界上的所有人都能体验制作音乐的乐趣。我们所知道的实现这一使命的唯一方法，恰好就是创立一家公司。亚历克斯负责业务，我负责技术。就像 15 岁时那样，我再次开发可以制作音乐的软件。

因经常被滥用，"激情"一词失去了其本意，特别是在跟一些营销用语扯上关系的时候，比如"您的潜力，我们的激情"。要找到令你有激情的事，就是在生活中找到能让你在情感上得到满足的一些事情。不要像很多人那样讨厌自己的工作，而要想象自己能够将令你有激情的事情变成工作来做，甚至能够创立一家公司来做这件事。

Harmonix 经历了两个不同的时期：1995—2005 年（在《吉他英雄》之前），以及 2005 年至今。前十年是漫长而困难的，我们在那段时间里完成了 1 000 万美元的融资，而收入非常少。到 2004 年，我们才刚刚做到盈亏平衡。经常会有人问我，在成功前景如此黯淡的情况下，我是怎么坚持下来的。答案很简单——我从心底就热爱所做的事情！做事本身就给了我足够的满足感，所以就不需要业务上的成功来保持我的热情了。

当《吉他英雄》一炮走红之后，我们被形容为"一夜成名"。这其实是漫长的一夜——十年磨一剑。不过这十年中，我们每天都在做自己热爱的事，这种热情让这十年堪称完美的十年。

≈≈≈≈≈≈≈≈≈≈≈≈≈≈≈≈≈≈≈≈≈≈≈≈≈≈≈≈≈≈≈

Harmonix 这种"一夜成名"的成功故事，只要一想起就能振奋人心。埃兰和布拉德是同一个联谊会里的兄弟，不过彼此并不太了解，因为他们的年纪大约相差 10 岁。当埃兰考虑创办 Harmonix 时，他想起了布拉德是开过公司的，于是就去拜访布拉德。布拉德立即就表示了对埃兰和亚历克斯的支持，并帮助他们公司完成了第一轮天使融资。这轮融资中的投资人都与布拉德关系密切——他的第一个业务伙伴、他的父亲、他父亲的一个朋友、收购布拉德第一家公司的两个人以及与布拉德一起投资的一些天使投资人。基本上，这就是完美的天使辛迪加——一群创业者及友人，想要支持两位怀有令人兴奋愿景的年轻创业者。

十年过去了。当布拉德在波士顿时，他会定期与埃兰和亚历克斯小聚。当埃兰和亚历克斯向布拉德寻求建议时，他时常会给出一些自己的观点。不过，大多数跟布拉德一起给 Harmonix 投资的天使投资人，都与这家公司失去了联系。十年，真是一段很长的时间。

突然间，《吉他英雄》取得了很大的成功。不论是玩《吉他英雄》还是成为投资人，都令人乐在其中，只是个中滋味难以道来。某一天，MTV 公司收购了 Harmonix。当这笔交易公开时，那些天使投资人都目瞪口呆，因为这种巨大的成功完全出乎他们的意料。有些人真的都忘了自己还持有这家公司的

工作与生活的平衡 主题 7

197

股份，而且为他们得到的支票感到震惊。

　　这一切都是依靠埃兰、亚历克斯以及他们组建的 Harmonix 团队的努力才取得的结果。作为意志坚定的创业者，即使布拉德和他的那帮伙计们没有出现，埃兰和亚历克斯也可能会找到融资的渠道。不过布拉德他们出现了，于是事情皆大欢喜。埃兰和亚历克斯告诉投资人，无论是那艰难的十年还是一夜成名后的今天，他们都只是在实践令他们充满激情的事而已。

≈≈

创
业
唯
快
不
破

跟随你的心

马克·梭伦（Mark Solon）

马克是位于爱达荷州博伊西市的 Highway 12 风投的管理合伙人。Highway 12 风投投资了数家参加 TechStars 加速计划的公司，其中包括 Everlater 和 SendGrid。从 2007 年起，马克担任 TechStars 的创业导师。

Photo Courtesy of Highway 12 Ventures

1993 年，我在波士顿南端区的一家咖啡店里认识了我的妻子帕姆（Pam）。我这个一直在大城市（纽约、芝加哥、旧金山和波士顿）生活的人对这个在爱达荷州博伊西市的一个小镇长大的姑娘一见倾心，她有着很多我从未见过的生活情趣。当我存够买戒指的钱后，就立刻向她求婚了。在接下来的七年里，我们从南端区的小公寓搬到了邦克山，然后搬到了马布尔黑德，我们在那里购置了一栋临海的、有着 150 年历史的维多利亚式破旧老屋。她在马布尔黑德的一家很酷的创业公司工作，而我成了一家小型私募股权投资机构的合伙人。我们在 1998 年年末有了一个女儿，在 2000 年年初又怀了第二个孩子。

我的生活像童话一样，只有一个问题萦绕在我心头。每晚我都彻夜难眠，梦想自己住在爱达荷。从我们相识开始，大部分假期时光都是在博伊西市度过的，我也很快就喜欢上了爱达荷。在我生命的头 35 年里，我一直生活在脚下尽是水泥地的环境里，所以每当我们来到她的老家，我就感觉像是身处天堂。而每次在回波士顿的飞机上，我都会想："我要是能住在那儿，该多好啊。"不过，我从来没把这些想法告诉过帕姆。尽管我们谈论过，有一天要搬到太平洋西北区去（她大学毕业后在西雅图工作过五年，而且非常喜欢那里），不过我们从来没有真正认真地谈论过去爱达荷生活的事。但我越来越难以入睡，我晚上会清醒地躺在床上，想着自己大胆抛弃大城市的生活，冲破所有障碍，去爱达荷山区过简单的生活。

不过我们有个一岁大的孩子，而且她还怀着八个月的身孕。我知道，如果我不赶快行动起来，那么这个想法就永远无法成真了。

2000 年 4 月 11 日，星期天。那天是帕姆的生日，我把她叫醒，然后对她说："生日快乐，我们搬去博伊西吧。"她看着我，就好像我疯了似的。她问："那你在博伊西那边准备做什么呢？"我说："不知道，我们先搬过去再说吧。"那天，我们一整天都在谈论这件事。我们给她住在博伊西的母亲打了电话，告诉她这个想法。到那天晚上，我们都同意了这个想法。24 小时之后，我走进我的办公室，然后说我打算搬到爱达荷去。我的搭档利昂（他是俄罗斯人）问我，名叫爱达荷的小镇在马萨诸塞州的哪里。那周，我们把自己的房子挂牌出售。我先到了博伊西去做一些业务社交工作，而帕姆则留在波士顿处理一些剩下的事情。在博伊西的社交工作非常简单。从她的曾祖父那辈起，帕姆家就在爱达荷生活了，而且博伊西是个小镇，她母亲认识当地很多商业大佬，事实证明他们相当好打交道。我还是不清楚该做点什么好，不过随着我结识了越来越多的商界人士，一个想法出现了："你有这样的背景，为什么不成立一家风险投资机构呢？"

我真没有想到这个。我是说，风险投资基金只在波士顿和硅谷那样的地方才有，对吧？接着就是命运，或者帕姆所说的"相信宇宙"开始起作用了。在接下来的几周，我遇到了两个人，他们帮助我坚定了创立爱达荷第一家由机构支持的风险投资基金的想法。首先，我遇到了吉姆·霍金斯（Jim Hawkins）。吉姆是一位备受尊敬而且人脉广泛的土生土长的爱达荷人，他当时快要从爱达荷州商务署长的位置上退休了，而且也是一个创业不倦的成功创业者。在一次长时间的会谈之后，他对我说："有你的背景和我的人脉，我们成立一家风险投资基金吧。"也就是从那时起，我开始认真考虑将创办风险投资基金当作一个职业选择。接着，一位朋友将我介绍给了马特·哈里斯（Matt Harris）。马特当时正在创办 Village 创投，一种独特的风险投资基金，旨在支持地区市场内规模更小的基金。通过提供后台支持和强有力的基金网络，共享最佳运营模式，Village 创投特别适合成为合作伙伴。其余的经历，如他们所说，就是历史了。在接下来的一年里，我和吉姆募集了 2 500 万美元资金，专门用于给西部落基山区最有前途的高增长公司投资。菲尔·里德（Phil Reed）很早就加入了我们。我们第一只基金还比较成功，这让我们在 2006 年年末又募集了一笔 7 500 万美元的资金。

有些人觉得 Highway 12 风投成功了，不过对我来说，它仍然像是一家创业公司。我和 TechStars 的创业者打交道的时间，要多过跟那些在大风险投资机构的同行打交道的时间。对我来说，我把我们的第一支基金当作是我们的种子轮融资，而把第二只基金当作是 A 轮融资。我也把自己看作一个创业者，就像我们所支持的其他创业者一样。当然，Highway 12 风投还有很长的路要走。

当我在 TechStars 博尔德分部的办公室度过夏日时光时，我的热情和灵感彻底被那些抛开一切来到博尔德追寻梦想的小团队点燃了。我了解其中几位，比如马克·奥沙利文，他把家人留在了加拿大，而且我在他身上看到了自己的影子；还有 Graphic.ly 团队的凯文·曼恩，他一直在争取解决移民问题，并把家人和朋友都留在了英国，以更好地利用被 TechStars 选中的机会。不过，我最崇拜的两个人是 Everlater 团队的内特和纳蒂。尽管大学毕业后，他们就在华尔街找到了待遇非常不错的工作，并可以借此为跳板找到更好的工作，但这两个儿时玩伴还是放弃了这一切，开始了为期一年的环球冒险，因为世界万物在召唤他们。

我是去年夏天认识他们的，这两个年轻人深深地吸引了我。他们没有把放弃舒适的高薪工作当作冒险，对他们来说，不跟随自己的心灵才是冒险。他们是没有任何负担的年轻单身汉，他们存了一些钱。他们知道，在生活被错综复杂的工作、妻子、孩子以及更重大的责任变得越来越困难之前，还有机会来认识这个世界。他们相信自己，知道回来后能找到事情做。

这就是真正的神奇之处。他们因缺少工具不能与朋友和家人充分分享精彩的旅程经历而感到沮丧，所以就酝酿了在返回美国之后创办 Everlater 的计划。当他们结束了环球冒险之后，搬到了父母家里，自学编程，开办了一家很酷的网站来帮助那些旅行者更好地与朋友和家人分享旅途经历。这是一个梦幻般的产品，而他们正在一起打造一家了不起的公司。

这个故事的寓意很简单：跟着心灵走，好事常会有。我们活在这个世界上的时间其实很短，所以我相信生活短暂到不应该把自己禁锢在无法让自己实现价值的职业上。创立一家自己的公司其实真的不是冒险，因为从根本上来讲，我们都知道钱是生不带来死不带去的。我衷心地觉得，你必须相信，风是知道自己吹向哪里的。我猜，这也是我如此喜欢 TechStars 的原因。因为我相信，所有参加 TechStars 的公司创始人也都能认同这种观念。

≈≈≈≈≈≈≈≈≈≈≈≈≈≈≈≈≈≈≈≈≈≈≈≈≈≈≈≈≈≈≈≈≈≈≈≈≈≈

　　马克关于跟随自己的心来到爱达荷州博伊西的故事吸引了我们，因为这个故事跟我们每个人来到科罗拉多州博尔德的经历是相似的。

　　布拉德跟他的妻子艾米也曾被困在波士顿。艾米在阿拉斯加长大，而布拉德是达拉斯人，所以波士顿不是他们的家。在波士顿寒冷阴沉的日子里，他们讨论了搬到其他地方去生活的想法。不过，在波士顿上学并接着成家立业所带来的惯性，让他们一直没有付诸行动。他们一直都在谈论这件事，而且不管去美国的哪个地方旅行，都会关注一下那个地方是不是适合他们生活。1993 年 12 月的某天，他们路过博尔德，那是一个天气微凉、阳光明媚的日子，他们互相对对方说："记住这里。"在布拉德卖掉他的第一家公司后，他向艾米承诺，到他 30 岁时就离开波士顿。在他还有两个月就满 30 岁时，艾米告诉他，她要搬到博尔德去了，如果他也想去的话，可以随她一起去。

　　大卫搬到博尔德则是因为一次比萨晚餐。他和他的两位联合创始人在亚利桑那州坦佩市的一家 Pizzeria Uno 餐馆吃晚饭，他们开始在餐巾纸上写下城市的名字。那时，他们都居住在不同的城市，不过想要聚在一起，好好地干一番事业。他们打算在全美范围内销售公共安全软件，因而决定找一个方便他们定期去往美国东西海岸的地方。不过，他们也希望居住在一个自己喜欢的地方。在经过一轮轮的否决之后，博尔德成了清单上唯一剩下的城市。

≈≈≈≈≈≈≈≈≈≈≈≈≈≈≈≈≈≈≈≈≈≈≈≈≈≈≈≈≈≈≈≈≈≈≈≈≈≈

把工作变成娱乐

霍华德·林顿

霍华德是 StockTwits 的创始人及 CEO，他曾是 Wallstrip（被 CBS 收购）的创始人，打理着一支名为 Social Leverage 的基金。从 2007 年起，霍华德担任 TechStars 的创业导师。

我对金融市场充满热情，所以我的很多创业公司都是充满乐趣的。2006 年，我创立了 Wallstrip，这是一个播客网站，每天都会花三分钟介绍一支优质的股票。我为趋势而投资，WallStrip 的目标就是揭秘那些呈上涨之势的最佳股票，并思考其中的缘由。我希望 WallStrip 关注股市，就像著名节目主持人乔恩·斯图尔特（Jon Stewart）⊖ 在政治和新闻方面所做的那样。

我相信，如果你在自己充满热情的领域投资，那么就可能发生神奇的事情。创业者需要一种工作热情。不管创业公司是做什么的，工作都是无穷无尽的，而且有时会很乏味。这能促进你全面透彻地了解你所处的行业。如果你选择进入一个你充满热情而且深入了解的领域，那么就会对摆在你面前的机会和可能带来利润的产品有更多的了解。你前进路上的阻碍似乎都是可以克服的。你每天的进展都将很容易衡量，而且你会知道何时是处在正轨上。

我确切地知道需要提供什么样的产品，就会让 Wallstrip 获得关注和观众。我们每天都会制作音频内容并传送给用户，我们这个团队像疯了一样地工作，来完成一项了不起的事情，创建了第一批深受欢迎的播客之一。随着公司市场影响力的增加和知名度的提升，出现了一位想要收购我们公司的买家。我们创办 Wallstrip 的初衷并不是为了卖掉它，不过最好的交易总是源自一个良好的投资前

⊖ 乔恩·斯图尔特主持的《每日秀》节目是美国年轻人获取新闻的主要来源之一。他已经成了美国家喻户晓的时事评论员和讽刺专家。——译者注

工作与生活的平衡 主题 7

提。毕竟，事情就是这样。

我一直都知道，Wallstrip 是满足不了我的胃口的。尽管这为改变人们看待和讨论市场的方式开了个好头，不过我在这个问题上的工作还没有完成。2008 年，我参与创立了 Stockwits，利用 Twitter 给热爱股票和市场的人们打造了一个长期的社区。Stockwits 非常有趣，不过它也是一项异常艰苦的工作。事实上，这是我这辈子做过的最艰苦的工作。不过，我蓄势待发。

现在 Stockwits 已经有了十来位员工，在 Twitter 上建立了一个巨大的社区。我们有自己的微博平台，获得了收入，而且在新股票讨论和市场讨论的模式方面也取得了早期的领先。尽管工作特别艰难，但我们的团队有着无数的乐趣。是的，我们是在拼命玩。

≈≈≈≈≈≈≈≈≈≈≈≈≈≈≈≈≈≈≈≈≈≈≈≈≈≈≈≈≈≈≈

最优秀的创业者，经常会说他们有多么喜欢自己所做的事。与此相似，一些伟大的运动员处于职业巅峰时，也是快乐无比的。创办公司的过程中会经历磨炼，而精通一项运动的过程中也需要反复训练。不过当万事俱备，就会出现神奇的时刻。在那一刻，工作就是娱乐，而那也是令人兴奋的事情经常会发生的时候。

2008 年，霍华德·林顿在 **TechStars** 引导一场讨论。

≈≈≈≈≈≈≈≈≈≈≈≈≈≈≈≈≈≈≈≈≈≈≈≈≈≈≈≈≈≈≈

从电脑后面走出来

赛斯·莱文

赛斯是 Foundry 集团的董事总经理，从 2007 年起担任 TechStars 的创业导师。

在商业世界里，办公室中经常会出现这样的画面——人们在办公桌后用电脑或电话卖力地工作着，或在会议室里开着会。走出办公室通常意味着去别人的办公室开会，或是去吃一顿三句话不离本行的午饭。最近几年，我一直在尝试在办公室以外的地方召开会议。事实证明，这是非常高效而且特别有乐趣的。

对我来说，主要就是在我生活的科罗拉多州博尔德的山麓地区骑骑自行车。虽然我通常是跟别人一起去的，但我也发现，在午饭时间一个人去骑车，对一些几天或者几周都没有取得进展的业务问题会突然产生清晰的认识。在跟同事外出时，远足或骑行的轻松随意，是赶上业务进度的完美情形。

我进行午餐骑行和会议的活动，是跟 Filtrbox 公司联合创始人及 CEO 阿里·纽曼一起开始的，他参加了 2007 年的 TechStars 加速计划。这个想法纯粹是从社交角度产生的。阿里是一位有名的骑手，而且我们觉得一起外出骑骑车会很有趣。不过我很快意识到，要想在骑行过程中追上他，我必须得让他说话才行。所以，我就开始问他一些跟他公司有关的问题。据我所知，这是阿里跟其他创业者一样乐于详细谈论的话题。相比于我们在 TechStars 加速计划中一起度过的那些更为正式的时光，这是一种自然的扩展。因为我是 Filtrbox 在 TechStars 夏季孵化计划中的导师，而且在他们完成项目并获得机构投资后，继续跟他们一起工作。这些讨论不仅起到了让阿里慢下来的预期效果，还证实了骑行是谈论公司进展的完美方式。远离办公室，骑车穿梭于博尔德山间，我们能更容易地获得灵感，这是当身体困在 Filtrbox 的办公室里时所没法得到的。

在 2008 年的 TechStars 加速计划中,我负责指导的公司的创始人就不爱运动,我们的会议通常都是安排在更为典型的会议室里。不过在那个夏天,阿里和我还是会定期去骑车,继续讨论 Filtrbox 的事。当我开始指导参加 2009 年 TechStars 加速计划的 Everlater 时,骑自行车成了我夏日议程上的一个有意义的部分。随着一大群自行车运动爱好者齐聚博尔德,整个夏天都有了定期的午餐时间骑行活动(这个群体名为"骑行怪人",使用 Twitter 来安排骑行活动)。因为有着这样的背景,所以骑车自然而然地成了我与 Everlater 的创始人内特·阿伯特和纳蒂·左拉共事的一项中心内容。内特、纳蒂和我每周都会定期骑行一次(有时候一周会骑好几次),尽管我们没有安排一个正式的议程,但每次骑行过程中都会准备好几项主题去讨论。2009 年夏天,Everlater 由一个创意变成了现实,我们以骑行活动的方式解决了公司面临的初期挑战。通常,我们会骑行 60~90 分钟。在这段时间内,我们可以专注于公司问题而不受打扰。呼吸点新鲜空气,有助于带来一些新的观点。远离办公室,被博尔德山麓的美景所环抱,当你的心灵完全清澈透明时,总会对问题有些新的思考方式。

这些活动除了有上述明显的益处之外,我还发现与阿里、内特、纳蒂以及其他人一起骑车,也是了解他们个人的一种很好的方式。这种友情始于 TechStars,孕育在车座上,已经成为我参加 TechStars 加速计划所获得的一种巨大乐趣。

现在,当我面对那些特别有挑战的状况时,就会穿上跑步鞋去远足或是穿上骑行鞋去骑车。对我来说,这已经不是一件稀奇事。花一点时间走出办公室所带来的清晰感和洞察力都是无价的。

≈≈≈≈≈≈≈≈≈≈≈≈≈≈≈≈≈≈≈≈≈≈≈≈≈≈≈≈≈≈≈≈≈≈≈≈≈≈≈

我们不时会听到来自全美国的创业者朋友发出这样的批评声:"在博尔德,就没人真的会努力工作,每个人住在那里都只是想方便地去山间骑自行车和滑雪。"不过在听到这样的话时,像我们这样比较开明的人早已不作反驳,只是会心一笑,以免弄出一段愚蠢的争执。

住在博尔德这样的地方,美就美在你跟你想要的东西只有几分钟的距离。通勤时间非常短——除非你骑自行车或跑步上班,否则最多只有 15 分钟。这种情况下，你就不会真的介意骑车或者跑步要花多长时间了。从博尔德市中心步行到一些世界上最了不起的远足小径，也就只要 5 分钟而已。而且如果你想去一些世界上最好的度假胜地滑雪的话，也不到 90 分钟的路程。

正如赛斯在文章中所说，从电脑后走出来与努力解决问题并不互相排斥。布拉德的一位导师莱恩·法斯勒（Len Fassler）在进行一些沉重的对话之前都会说："我们出去走走吧。"在他们共事的那几年里，布拉德和莱恩一起步行了很长距离，一起交谈，享受亲近外部世界的时光，并找到了困扰他们的各种问题的答案。

赛斯、阿里、内特和纳蒂为我们展示了另一种将工作与休闲结合起来的方式。而作为创业者，他们所取得的成就也证明了这样做可以取得多大的成功。

≈≈≈≈≈≈≈≈≈≈≈≈≈≈≈≈≈≈≈≈≈≈≈≈≈≈≈≈≈≈≈≈≈≈≈≈

工作与生活的平衡 主题 7

保持健康

安迪·史密斯

安迪是 DailyBurn 的联合创始人及 CEO。
DailyBurn 是首屈一指的健身社交网络，让用户可
以追踪健身情况、在线问责和相互激励。
DailyBurn 在参加了 2008 年的 TechStars 加速计划
之后从天使投资人那里筹集到了 50 万美元，2010
年被 IAC 收购。

Photo Courtesy of ThisWeekIn.com

在 TechStars 这样的环境中，要在很短的一段时间内完成很多工作。在三个月的时间里，你每周要工作 7 天，每天要工作 18 小时。这种生活方式是不可持续的，只是一种短期的爆发，不过这几乎总是有必要的。创立一家新公司是一次全力的冲刺，而打造一家持久的公司是一场马拉松，所以你在这两方面都需要练习。

就像准备任何比赛或运动项目那样，你需要为创办一家公司时所承受的巨大压力准备一副强健的身板。在高压力的时期里，适当的营养、锻炼和休息就显得尤为重要。下面我要讲一些在创业初期阶段减轻压力并增大产出的具体技巧。

首先，每周锻炼 5~6 天。即便是每天 20 分钟的高强度锻炼（比如有氧运动和力量训练相结合），也能减轻压力并提高注意力。尽管我建议进行一些诸如混合健身运动之类的快速、高强度锻炼，但其实最重要的是你一定要锻炼！

其次，在大部分时间要合理饮食。你的目标应该是至少有八成时间要吃得健康。最佳的食物是瘦肉、蔬菜、干果和一些水果。去副食店的时候，你只选择新鲜的（没有加工过的）食物，不要吃那些标签上列出超过 10 种配料的食物。如果配料中有你不认识或觉得不属于食物的成分，尽量别吃它。

别忘记睡觉。你应该保证每晚 7 小时的睡眠，不要痴迷于咖啡因。年轻的时

候偶尔通宵一下没什么，但不要经常这样。

最后，至少每周一次回过头来想一想创业蓝图。作为创业者，你可能迷失在日复一日的疯狂创业工作之中，可能失去了生活的大局观。这点也适用于健身，不要等到有一天肥胖不已、健康不再时才幡然醒悟——你之所以走到那一步，是因为没有选择一种对你最有利的生活方式。保持健康的你，最终会对公司更有利。

≈≈≈≈≈≈≈≈≈≈≈≈≈≈≈≈≈≈≈≈≈≈≈≈≈≈

现在我们都已经身处不惑之年（布拉德44岁，大卫42岁），更能认同这些建议。当还是20多岁的年轻小伙子时，我们都是坚不可摧的。通宵？没什么大不了。一夜又一夜只睡四小时？管他呢。眼睛充血？不是问题。先来一大盘炸鱼、文蛤和牡蛎，再来上三勺冰淇淋。好吃！

这些多余的体重都是有来源的，我们更容易疲劳了。经常睡上八小时是很舒服的。六杯啤酒听起来太多了，一杯刚刚好。

照顾好自己，没什么是永恒的。

2008年，参加 TechStars 加速计划的几位创始人以远足的方式放松一下。

≈≈≈≈≈≈≈≈≈≈≈≈≈≈≈≈≈≈≈≈≈≈≈≈≈≈

工
作
与
生
活
的
平
衡

**主
题
7**

远离尘嚣

艾米·巴彻勒（Amy Batchelor）

艾米是一位作家，也是一位慈善家。她嫁给了布拉德·菲尔德（祸福与共）。

如果你跟大多数初创公司的创业者一样，你也会整天都在工作——星期天、节假日、你的生日都不会闲着。这看起来是必须的，因为很多事都要靠你来做。不过，事实并不是这样。这是一种糟糕的生活方式，而且在整个创业生涯中是不可持续的。你要是一直都埋头苦干，只关注眼前的那些事情，那么就不可能拓宽眼界，也没法确保在朝着正确的目标前进。在工作过程中实施目标驱动，并合理安排休假时间，是达到难以捉摸的工作与生活平衡的重要一步——别搞错了，达到这种平衡也是一种巨大的成就。

当你的肾上腺素激增时，你能完成很多事情，不过你的皮质醇和其他的应激激素水平也都在上升。再加上你可能经常缺乏睡眠，这太糟糕了。休息一会儿吧，特别是远离你所有的电子设备，让你的身心都得到恢复，从而使你能再次投身挑战之中。休闲一下，对你的身体、情感和心理都有好处。

我跟我丈夫一起参加了一个远足训练营，在那里，他们会让你将每一天分割成工作、休闲和睡觉几个时段，从而进行生活平衡的自我评估。这是一次非常有启示性的训练。在初创公司的创业模式下，不大可能，也基本没人愿意将每天很好地分为工作、休闲和睡觉这样三个八小时。不过，还是值得尝试一下，在一年的周期内绘制时间蓝图，包括大峰值的工作时间，然后有一些大幅度曲线对应休息和放松、恢复活力以及调整。即便你将工作当作娱乐（这通常是创业者的一种偶然情况），定期换一换娱乐方式也是很明智的做法。我和我丈夫对他的工作有着不同的定义，他经常把工作当成娱乐，而我则把他无法跟我一起娱乐的时间都视为在工作。

几年前，当他几乎让我忍无可忍时，我们订立了一套规矩，规定我们每个季度都要有一整周时间彻底远离尘嚣：不干工作、不打电话、不看电子邮件、不用电子设备——没有例外。每三个月就有一周休假时间似乎很奢侈，特别是在美国文化中，很多人一年都不会歇上两周。不过如果你每周工作 70 小时，一年要这样工作 48 周，而不是工作 52 周，那么也只不过是损失了 3 640 小时中的 280 小时，或者说只是为你自己献出了 8% 的时间。当你这样看待这个问题时，四周时间根本就不算多。我们最初开始尝试这样做时，远离电子设备的头几天不是那么好过，现在就好多了。我们在过去十多年里，形成了这样一个远离尘嚣的好习惯，而且因为有了这个经历，所以会更容易让这种不工作的规矩不会出现多少例外。

远离尘嚣有着特别实在的理由。启程之前总是需要风风火火地赶工、清理办公桌，还需要在最后时刻极度高效地工作。在我离开之前，我总是会清理好我的办公桌，这样我才不会害怕回来，即便我不愿意离开沙滩，至少也不会害怕看到我的办公桌。当飞机起飞时间是你的最后期限时，你能完成的工作量是惊人的。

带着一颗清澈透明、充分休息的心灵回到工作之中，会带来非常高的生产力，而且你又重新对自己的工作热情满满。作为创业者，你为公司所做的最有价值的工作之一，就是打造健康的企业文化。要更聪明地工作，而不是更卖力地工作。努力工作，也要健康工作。对于公司里其他充满活力、辛勤工作的人，你可以成为他们的榜样，要以自己的行动告诉他们，虽然每个人的贡献都很重要，但没有人是不可或缺的，即便你自己也不例外。拥有一个你可以信任的团队，一个你缺席时仍然能正常运作的团队，这是非常重要的。为公司建立一套应急体制，即便你缺席时也能应对紧急情况，这是一种不错的发展模式。你会很惊讶地发现，需要你放下泳池旁的鸡尾酒和丹·布朗（Dan Brown）小说去接电话处理紧急事务的情况很少会出现。公司在没有你的情况下也能继续运转，认识到这一点就是一种很好的自我调节。

要远离尘嚣，情感上、精神上以及其他琐碎的因素，与提高效率时的考虑至少是同样重要的。如果你正处于稳定的伴侣关系中，那么不定闹钟、想睡多久就睡多久、没有预约打扰就能让你记住享受两个人在一起、一起做事、一起闲着的时光。这也能恢复你的伴侣对你的耐心和支持的程度，并显示出你们的关系即便是在你创业的过程中对你来说也真的很重要。如果你没有这种稳定的伴侣关系，那么去结交一些朋友也挺好的。在 21 世纪，充满眼神交流、欢声笑语而无须键盘输入的社交网络也是同样重要的。

TechStars 的发展史

TechStars Lessons to Accelerate Your Startup

我们非常幸运，TechStars 的疯狂发展超出我们的预期。全世界的人都注意到了 TechStars，而且还有很多人对 TechStars 非常感兴趣，其中有很多人已经来向我们寻求支持。我们也积极地尝试帮助他们理解和复制我们的模式——导师制驱动及社区导向。

从一开始，TechStars 就采用了开源的方式。我们公开分享了我们的种子投资文档、我们的成果以及我们的创业哲学，其中很多内容你刚刚已经读过了。

刚开始时，这只是我们的一项简单实验，现在已经成长为 TechStars 创业生态系统中有意义的一部分，这个生态系统的三个社区被称为"家"。接下来我们要讲几个故事，说一说 TechStars 是如何创办的，它为什么会扩张，以及它下一步可能会怎样发展。

激励我创办了 TechStars 的是什么

大卫·科恩

大卫是 TechStars 的联合创始人及 CEO。

经常有人问我，创办 TechStars 的动机是什么。尽管我认为 TechStars 代表了一种更好的天使投资方式，不过还有一些其他重要原因，促成了 2006 年 TechStars 的创立。我们希望，随着时间的推移，能够看到更多有趣的创业公司在博尔德诞生。我们认为，TechStars 可以把新的人才和全国的注意力都吸引到博尔德来，事实上它也确实做到了；我们认为，这是一种将全国各地最优秀和最聪明的人吸引到博尔德的很好的方式，让他们亲身体验并明白为什么我们这么多人会爱上这里；我们认为，随着时间的推移，TechStars 会输送很多终身创业者，我们可以支持他们并给他们投资；最后，从我个人的角度来讲，我真想不出还有什么事情能比每年夏天跟 10 支有趣的初创团队一起工作更有意思。

TechStars 是导师制驱动的。我们让来自科罗拉多、硅谷、波士顿、纽约和其他地方的成功连续创业家和投资人不断齐聚于此，共同关注每季的加速计划中，从 600 多家申请的公司中脱颖而出的 10 家公司。这些导师在夏天志愿贡献出他们的时间，帮助这些公司完善他们的商业模式，将他们介绍给早期客户和合作伙伴，并帮助他们从投资人那里获得投资。

为什么这些导师如此投入地做这些事情？为什么整个小城都团结在这些参加加速计划的创业公司周围，帮助他们完善产品并到处推广他们？为什么科罗拉多的每个人似乎都要问："我能帮上忙吗？"这是因为，从广义上讲，TechStars 真的是完全与社区息息相关的。在博尔德的创业圈子里，大家真心期待看到其他人成功，而且都相信善行是重要的。我有一种感觉，我们是在这里做一件有意义的事情，我们每个人都是其中的一分子。

付出总是有回报的。在参加 2007 年度 TechStars 加速计划的 10 家公司中，有 5 家已经被收购。这其中就有 2008 年被 AOL 收购的 Socialthing。自那之后，AOL 就在博尔德开设了办事处，聘用了更多的人。Socialthing 的创始人马特·加利根现在又成功说服乔·斯顿普（Joe Stump，Digg 的前任首席设计师）来到博尔德，加入他的第二家公司 SimpleGeo 和他一起创业。当马特及其联合创始人出售 Socialthing 之后，他们没有忘记帮助他们取得巨大成功的创业社区。他们将 1% 的股权捐给了科罗拉多创业者基金会，并与 Intense Debate 和 Filtrbox 一起为当地的非营利组织筹集了逾 10 万美元资金。

我最为自豪的一件事情，是整个博尔德创业社区的导师数量的增加。我们已经形成了一种持续的导师制文化，正因为这样，博尔德未来将会成为一股真正的力量。我们希望，能对其他几个现在被我们称为"家"的社区也产生相似的影响。

TechStars 的发展已经远远超出我的预期。简单来说，它让我记起了我所参与过的每一家成功的创业公司。

2008 年夏天，在一天的会议之后，大卫·科恩记录下马特·穆伦维格对每家公司的思考。

TechStars 的发展史

为何在博尔德创办 TechStars

杰森·门德尔松

杰森是 Foundry 集团的常务董事，他从 2007 年起成为 TechStars 的创业导师。

虽然大多数媒体可能会更多地报道硅谷的强大创业生态，但博尔德也是非常适合创办新公司的地方。事实上，博尔德有很多令它有别于其他地区的特色。那么，到底是什么让博尔德如此了不起呢？

首先，博尔德有着令人难以置信的支持力。这里有着很强的社区意识。尽管其他地方也有着强大的活力，不过大概没有一个地方能像博尔德一样具有支持力。这里有的是合作，而不是竞争。不管是博尔德新技术交流会、博尔德开放咖啡俱乐部还是 Silicon Flatirons 活动，整个社区（包括创业者、投资人、学生、专业服务人员、教授和其他身处创业生态系统中的人）都会分享他们的知识和经验，进而帮助别人。这种回报的意识是博尔德的重要特点，而 TechStars 的成功就是最好的例子。

其次，博尔德的文化鼓励的是健康的工作与生活平衡。在博尔德特别容易接触壮丽山川、远足小径和自然美景，人们真正有时间把注意力放在工作之外的事情上。与硅谷相比，这显然是一种稍微理智一些的生活态度。这并不是说这里的人们工作不努力——大家工作都很努力，而是说这里存在着某种平衡，除非你来这儿生活，不然就没法解释透彻。对这里的居民来说，这意味着他们工作的时候会更有效率，而且他们的大脑感觉更灵敏。

博尔德位于美国中部，创业公司已经变得越来越全国化和国际化了。对那些经历过从旧金山飞到纽约的人来说，他们知道这不是一段快乐的旅程。人们可以

从博尔德去纽约来个一日游，要是从旧金山湾区（Bay Area）出发，是不可能做到的，至少没有私人喷气机是做不到。尽管东海岸一日游不是最有乐趣的活动，但省下的几小时就意味着在到达当天召开会议也不那么痛苦，而从博尔德往返湾区也是相对轻松的体验。

杰森·门德尔松露出了在 TechStars 众所周知的怀疑表情"杰森·门德尔松微笑"。

最后，博尔德是一个充满创业活力的社区。博尔德有大量的创业公司。在整个科罗拉多弗兰特山脉地区，已经诞生了很多成功的公司，其中很多创业者已经在从事他们的下一个大事业了。这个社区会鼓励这些人的奋斗，而且会对创建新公司所需承担的风险提供支持。相关的大学、必要服务的提供商、天使投资人和专业投资人，都融入这个创业生态系统中，形成了发达的经济体系，帮助优秀的创业者创办杰出的公司。

所以，尽管硅谷可能是媒体的宠儿，不过还有很多适合创办公司的胜地，比如博尔德。来看看吧！我敢打赌，你肯定不想离开的。

TechStars 是怎样来到波士顿的

比尔·沃纳

比尔是 Avid Technology（视频编辑软件行业的先锋）和 Wildfire Communications 的创始人，也是 TechStars 波士顿分部的联合创始人。

2008 年与大卫·科恩相识时，我才第一次听说 TechStars。那时我正在考虑投资一家参加 TechStars 加速计划的公司——EventVue，我很想搞清楚这个加速计划背后有谁、在做些什么。

从 2004 年起，我已经作为天使投资人与五家创业公司共事过了。我在这五家公司中的工作重点，是帮助创业者将他们的创意与他们的目标统一起来。我的想法是，如果你在最开始阶段做对了，那么后面的发展就顺理成章了。我努力与每家公司的创始人一起工作，帮助他们将其产品设计与所要满足的需求以及推动其创造的原动力统一起来。我很激动地看到这一切起作用了，不过最终的结果却很令人失望。我投资的这五家公司中，有一家获得了风险投资，随后就走下坡路了。最终这家公司以很低的价格被别的公司收购，收购它的公司还在继续销售它的产品。虽然从总体上讲，我觉得已经取得了不错的进展，让创业者将目标与实际创意统一起来，但是还不够。我不得不承认，这五家公司没有一家持续运营下去。

尽管随便哪本关于创业的教科书都会告诉你，团队是至关重要的，但我却是自己悟出来的。我明白了，创业者都有一段艰难的时期，去维持让创业公司走上正轨所需的能量。而且我发现，只有一位主要的顾问也是不够的。

当我开始与大卫·科恩沟通，以及随后与布拉德·菲尔德交流之后，我觉得 TechStars 似乎弥补了我在与这些创业者独自上路的过程中的诸多不足。TechStars 模式是将数家（每年大约十家）公司聚集在一起，在有限的时间内将产品推向市场。它会专注于两三位创始人（有时更多）的团队。TechStars 会将惊人数量的优秀导师倾注在每家公司身上，而且让导师与创业公司都很容易进行双向选择。这种对导师制度的专注，最终又会对导师群体起到激励作用，让他们能够参与其中，更为投入，并对在他们后院里发生的事情感到兴奋。这能刺激当地的创业经济。

2008 年，我第一次与大卫见面。我们都觉得，波士顿是扩张 TechStars 的理想场所。不过为了让波士顿的 TechStars 能在 2009 年 6 月开始运作，还有很多事需要统一。其中最关键的一步是找到肖恩·布罗德里克来做董事总经理。他后来接过指挥棒，在大卫和布拉德的帮助下完成了剩下的工作。在相当短的时间内，肖恩和管理团队就找到了办公地点，敲定了投资人和导师，并为 2009 年的波士顿 TechStars 加速计划挑选了九家公司。

在加速计划结束的时候，在微软新英格兰研发中心（NERD）一个拥挤的房间里，这些公司在 300 多人面前展示了他们的产品和计划。在我聆听每家公司的演讲时，我都看到了我曾独自追寻的、创业者自身能量与其产品的统一。我看到了创业者团队之间的互相支持，看到了数以百计的听众（包括很多投资人）准备支持这些新的尝试。我还真的感到很满意，因为我所提出的 TechStars 特别适合波士顿的种种理由，已经全部得到验证，而且远不止如此。

2009 年 9 月，数百位投资人挤在微软马萨诸塞州剑桥市的微软办公区，参加 TechStars 波士顿分部加速计划的第一次投资人见面日。

TechStars 的发展史

TechStars 是怎样来到西雅图的

安迪·萨克

安迪是 TechStars 西雅图分部的董事总经理，也是 Founders Co-Op 和 Revenue Loan 的联合创始人。

Photo by Randy Stewart

很多人问过我关于 TechStars 来到西雅图背后的故事。我第一次和大卫·科恩联系是在 2008 年 1 月。那时候，我刚开始 Founders Co-op 的工作，想和大卫谈谈他在 TechStars 的经验。我认为 TechStars 在做一番事业，我希望学习大卫所做的，并考虑在西雅图也做类似的事情。

克里斯·德沃尔是我在 Founders Co-op 的合伙人，我们不想在西雅图再复制一个这样为期三个月的加速器。在我们看来，TechStars 已经很好地占据了市场空间。于是，我选择了创立 Founders Co-op 这家导师制驱动的种子基金。当我和大卫通电话时，他非常友好地跟我分享了一些法律文件。那次通话之后没多久，我就成了博尔德 TechStars 加速计划的创业导师。

2009 年 1 月，我得知 TechStars 加速计划扩张到了波士顿，于是便发电子邮件告诉大卫·科恩和布拉德·菲尔德，如果他们考虑将 TechStars 加速计划扩张到西雅图，那么我会很有兴趣跟他们合作。大卫和布拉德都鼓励我夏天到博尔德去看看，以便了解 TechStars 加速计划。他们表示，很有兴趣探寻与我合作的可能性。

2009 年 5 月，我回到罗得岛州普罗维登斯的布朗大学参加 20 周年大学同学会。回到东海岸，就顺道参加了 2009 年 TechStars 波士顿分部加速计划的迎新活动。原来，我 20 世纪 90 年代在波士顿技术界的老朋友肖恩·布罗德里克就是 TechStars 波士顿分部的董事总经理。肖恩让我给来参加 TechStars 加速计划的新公司做演讲，我照做了。虽然不大记得具体说了些什么，不过我知道自己当时满怀真情。那个周末给我留下了美好的回忆——走在布朗大学的校园里让我触景生情，参加波士顿 TechStars 加速计划的公司创始人所散发的活力真是出乎我的意料。

我面对那些公司的创始人，告诉他们 1996 年我创办 Abuzz 时的情形。我流下了泪水，钻进车里，我给布拉德·菲尔德和杰瑞·科罗纳（Jerry Colonna）打了电话，他们是给我的第一家公司 Abuzz 科技投资的风险投资人。然后，我觉得西雅图也需要这样的项目，想在西雅图开办 TechStars。至此，只需要大卫·科恩愿意在西雅图开办 TechStars 就行了。

2009 年夏天，我又去了博尔德两趟，为的是更好地了解 TechStars 加速计划和大卫·科恩。在第二趟博尔德之旅之后，大卫说他非常有兴趣在西雅图开办 TechStars，不过他要到 2009 年 10 月才能做出决定。他还希望更好地了解西雅图早期技术领域的情况。他开始约见西雅图的创业者和投资人，甚至来参加了 Founders Co-op 的投资人会议。

2009 年 9 月，大卫告诉我他已经基本决定将加速计划扩张到西雅图，不过他希望由西雅图的创业者社区来推动该计划的扩张。2009 年 11 月月初，马特·麦伊尔文（Matt McIlwain）、格雷格·戈特斯曼、布拉德·菲尔德、大卫·科恩和我在西雅图聚餐了多次。

后来，在 20 小时内，格雷格·戈特斯曼和大卫·科恩都给我打了电话，问我愿不愿意在打理 Founders Co-op 之余运营西雅图的 TechStars。在跟合伙人克里斯·德沃尔商量之后，我欣然接受了他们的邀请。

在格雷格·戈特斯曼的帮助下，我与西雅图的创业者和风险投资社区取得了联系，询问他们是否能与我们合作，支持 2010 年 8 月 TechStars 西雅图分部的创立。事情的进展令人惊讶！我们得到了巨大的支持，大量的资深创业者愿意担任导师的角色。除此之外，几乎整个西雅图的所有风险投资人都选择为西雅图的 TechStars 提供物质支持！

投资人名单包括：

- 杰夫贝佐斯投资集团。

TechStars 的发展史

- Divergent 创投。

- Draper 投资。

- Founders Co-op。

- Foundry 集团。

- Ignition 资本。

- Linden Rhoads（华盛顿大学技术商业化中心）。

- Madrona 创投基金。

- Maveron 创投。

- Montlake 资本。

- OVP 创投。

- Rolling Bay 创投。

- Second Ave 资本。

- Trilogy 权益资本。

- Voyager 资本。

- Vulcan 资本（保罗艾伦集团）。

- WRF 资本。

西雅图创业界完全接纳了 TechStars，而我觉得在这件事情中，西雅图的创业者社区才是大赢家。

你想让 TechStars 落户你的城市吗

大卫·科恩

大卫是 TechStars 的联合创始人及 CEO。

当我 2010 年年初编写这本书时，已经有超过 50 个美国创业社区正式派代表与我们联系，表示希望将 TechStars（或模仿 TechStars 模式的加速计划）带到他们所在城市。我们为此深感荣幸，所以试着竭尽全力去帮助这些同行。

其中一种帮助方式，就是 TechStars 的开源哲学。我们公布了完整的成果（见 techstars.org/results）、我们的种子融资文件（见 techstars.org/docs），并且通过博客文章和公开采访介绍了 TechStars 的理念和方法。

在本书前面的部分，你已经读到了我们"质量高于数量"的信念。我们完全可以建立一种特许加盟模式，让 TechStars 加速计划在全美国遍地开花。不过我们的信念告诉我们，这样做是不行的，我们要维持以前已经达到的质量水平。我们相信其他人会复制我们的导师制驱动模式，也相信这对在美国创业环境来说通常是件好事。这就是我们乐于提供帮助的原因，特别是我们相信这些付出是非常可靠的。

我在很多次公开采访中都说过，只要不赔钱，我就会把 TechStars 一直开办下去。没有什么比这更令人欣慰了。不过请放心，创办 TechStars 这样的加速计划，可不是为了赚钱。从事这样的计划，是因为你想让创业社区变得更好，是因为你理解导师是初次创业者的稀缺资源，是因为你知道持续的导师文化会产生巨大的影响，是因为你热爱你的社区、热爱创业。

我们没有打算让 TechStars 加速计划遍布美国。不过如果你有合适的理由，而且能提供有意义的、有组织的导师制度，我们就是你的头号粉丝。

我已经介绍了美国的情况，那么世界其他地区又怎样呢？我认为，TechStars的导师驱动制度也可以在全世界产生很大的影响。我们已经在欧洲看到了类似的加速计划。我已经在加拿大、丹麦、英格兰、日本和新加坡等地区完成了一些运营模式上的咨询工作。这些地区的环境明显不同，拥有各自特有的劣势和优势。

现在，对所有询问过我的人，我只能说，事情会变得更有意思。

AccelGolf（2009 年）：为打高尔夫球的人提供移动和在线应用，通过个性化的内容提高他们的高尔夫水平。网址：accelgolf.com。

ADstruc（2010 年）：户外广告在线购买平台，提供拍卖服务和列表形式的网上市场，让买卖过程更迅速、更有利可图。网址：adstruc.com。

AmpIdea（2009 年）：通过一个网络婴儿监控器，帮助那些初为父母的人。网址：ampidea.com。

AppX（2008 年）：以 SaaS（软件即服务）方式，为那些投资风险基金和私募股权基金的人或机构提供服务。网址：app-x.com。

Appswell（2010 年）：一个移动众包平台，让人、公司和品牌可以利用大众的智慧。网址：appswell.com。

Baydin（2009 年）：创建一个电子邮件应用和协作的工具，从而使电子邮件变得更有价值。网址：baydin.com。

BlipSnips（2010 年）：让网络上的任何用户都能很容易地标记、分享和协作，创作那些难忘的视频。网址：blipsnips.com。

Brightkite（2007 年）：让你在忙碌的生活中交朋友、加入社区和分享经验。公司网址：brightkite.com。

BuyPlayWin（2008 年）：世界上首家竞赛式市场。每位购物者都能得到机会与其他购物者通过游戏比赛的方式赢取商品。网址：buyplaywin.com。

Daily Burn（2008 年）：首屈一指的健身社交网络，用户可以追踪健身情况、在线监督和互相激励。网址：dailyburn.com。

Devver（2008 年）：将开发者常用的桌面开发工具变成云计算服务。网址：devver.net。

Eventvue（2007 年）：通过为会议提供在线社区及推动新参会者注册，为会议组织者提供帮助。网址：eventvue.com。

Everlater（2009 年）：让旅行经历的记录、分享和记忆变得很容易。网址：everlater.com。

Filtrbox（2007 年）：一种新型网络服务，为中小企业及个人跟踪和监视新出现的媒体内容及新闻。网址：filtrbox.com。

Foodzie（2008 年）：网络商城，用户可以在此浏览小型作坊制作的食物，并直接向这些制作者购买。网址：foodzie.com。

GearBox（2010 年）：与消费电子产品公司及开发者合作，将可用手机控制的开放设备推向市场。网址：gearbox.me。

Graphic.ly（2009 年）：为数字漫画和相关产品提供身临其境的社会化体验和市场。网址：graphic.ly。

Have My Shift（2009 年）：帮小时工交易轮班时间的网络商城，让他们可以制订最好的工作计划。网址：havemyshift.com。

Ignighter（2008 年）：一个以群体对群体约会的独特形式的约会网站。网址：ignighter.com。

Intense Debate（2007 年）：将用户博客的标准评论系统替换为全新的对话式工具。网址：intensedebate.com。

J-Squared（2007 年）：专注于社交平台和新兴技术。他们的应用安装在那些广受欢迎的社交网络系统中。网址：j-squaredmedia.com。

Kapost（2010 年）：让任何人都能在你的网站或博客发布内容，然后你可以控制和过滤这些内容。发展一个内容提供者的社群，以产生更多、更好的内容。网址：kapost.com。

LangoLAB（2009 年）：最具趣味性的外语学习方式。网址：langolab.com。

Localytics（2009 年）：为手机应用提供实时分析平台。网址：localytics.com。

LoudCaster（2010 年）：让任何人都可以创建互动在线电台。网址：loudcaster.com。

MadKast（2007 年）：让分享博客文章变得容易，并为发布者提供详细的博客分析。网址：madkast.com。

Mailana（2009 年）：让你可以与重要的人分享重要的事。网址：mailana.com。

Marginize（2010 年）：为每个网页提供一个扩展空间，供访问者之间相互结识和自由互动。网址：marginize.com。

Mogo（2010 年）：一种前端测试和验证工具，帮助公司确保它们的网站在各种 Web 浏览器和平台上都能正常显示。网址：mogotest.com。

Monkey Analytics（2010 年）：提供可扩展的数据挖掘的云服务。网址：monkeyanalytics.com。

Next Big Sound（2009 年）：在线音乐分析和分享服务。网址：nextbigsound.com。

Occipital（2008 年）：创建能无缝增强人类视觉的人机界面。网址：occipital.com。

Omniar（2010 年）：为智能手机提供更好的视觉装饰。网址：omniar.com。

Oneforty（2009 年）：Twitter 的用品商店，销售 Twitter 应用和服务的市场。网址：oneforty.com。

People's Software Company（2008 年）：提供在 Facebook 中使用的计划和时间安排插件，解决与朋友制订计划的问题。网址：peoplessoftware.com。

Rentmonitor（2010 年）：为出租房的业主提供的基于 Web 的房产管理工具。让出租行业无纸化，让做房东变得更容易。网址：rentmonitor.com。

Retel Technologies（2009 年）：开发了为离线视频提供在线分析的视频处理技术。网址：reteltechnologies.com。

Rezora（2009 年）：为房地产行业专门设计的电子邮件营销平台。网址：rezora.com。

RoundPegg（2010 年）：是类似 eHarmony 模式的招聘网站。通过科学分析，确保应聘者拥有适合公司的个性和文化。网址：roundpegg.com。

ScriptPad（2010 年）：将 iPad 和 iPhone 变成数字处方笺，让医生开具处方的过程比开具传统纸质处方更快速、更安全。网址：scriptpad.com。

Search-to-Phone（2007 年）：通过录制客户的需求，然后将录制的内容广播给当地商家，从而让过时的黄页流程语音化。网址：searchtophone.com。

SendGrid（2009 年）：为需要发送系统生成事务性电子邮件的公司提供电子邮件服务。网址：sendgrid.com。

Sensobi（2009 年）：为当今的移动互联网领域的专业人士提供人际关系管理工具。网址：sensobi.com。

SnapABug（2009 年）：提供更迅速的客户关怀。网址：snapabug.com。

Socialsci（2010 年）：为科研人员设计的在线调查平台。网址：socialsci.com。

Socialthing!（2007 年）：能聚合用户的社交网络信息的数字生活管理器。网址：socialthing.com。

SparkCloud（2009 年）：构建破冰工具和技术，帮助我们找到应该认识的人。网址：sparkcloud.net。

SpotInfluence（2010 年）：通过关键词确认社会化媒体中有影响的人物。网址：spotinfluence.com。

Spry（2009 年）：对软件项目的详细分析。网址：spryplanner.com。

StarStreet（2010 年）：在线体育股票市场，粉丝可以用他们的体育知识赚钱。网址：starstreetsports.com。

StatsMix（2010 年）：让公司能够轻松构建和分享用来显示和分析它们生成的所有统计数据的定制仪表板。网址：statsmix.com。

Tempmine（2009）：在线临时物品交易市场。网站：tempmine.com。

The Highway Girl（2008）：教育艺术家如何在数字时代管理自己职业的一档节目。网址：thehighwaygirl.com。

Travelfli（2008）：帮助经常乘坐飞机的人将其会员权益最大化。网址：usingmiles.com。

TutuorialTab（2010）：帮助公司搭建一个更便于学习的网站。网址：tutorialtab.com。

Usermojo（2010）：情绪分析平台，告诉你用户行为的原因。网址：usermojo.com。

Vanilla（2009）：一款开源论坛软件。网址：vanillaforums.com。

Villij（2007）：一款推荐引擎。网址：villij.com。

Vacation Rental Partner（2007）：让人们更容易通过出租房屋获得收入，提供的工具可降低对传统房产管理公司的依赖。网址：vacationrentalpartner.com。

参与 Techstars 的公司，在本书出版之后获得投资的，已公布在 TechStars 的网站上。

作者简介

TechStars Lessons to Accelerate
Your Startup

布拉德·菲尔德是早期风险投资机构 Foundry 集团的创始合伙人和董事总经理，也是 TechStars 的创始合伙人。在创办 Foundry 集团之前，布拉德还联合创办过 Mobius 创投以及 Intensity 创投。Intensity 创投的主要业务是为软件公司的创办和运营提供协助，后并入 Mobius 创投的前身，成为其旗下的全资子公司。

作为 Foundry 集团的投资人代表，布拉德现在还担任 BigDoor Media、Gist、Gnip、Oblong、Standing Cloud、Zynga 等公司的董事会成员。之前，布拉德任职于 AmeriData 科技，担任其 CTO。AmeriData 曾收购了布拉德于 1987 年创办的专门定制软件应用程序的公司菲尔德科技。

除了投资工作之外，布拉德还积极参加了一些非营利组织，现担任美国国家妇女信息技术中心（National Center for Women & Information Technology）主席。布拉德是全美闻名的风险投资和创业方面的演说家，他在 www.feld.com 和 www.askthevc.com 上发表的博客文章广为流传、备受推崇。

布拉德投资过或担任董事的知名公司包括 Abuzz（被纽约时报收购）、Anyday.com（被 Palm 收购）、Critical Path（已在纳斯达克上市，股票代码 CPTH）、Cyanea（被 IBM 收购）、Dante Group（被 Web Media Brands 收购）、DataPower（被 IBM 收购）、FeedBurner（被谷歌收购）、Feld Group（被 EDS 收购）、Harmonix（被维亚康姆收购）、NetGenesis（IPO 上市）、

ServiceMagic（被 IACI 收购）和 ServiceMetrics（被 Exodus Communications 收购）。

布拉德在麻省理工学院获得了管理科学的理学学士学位和理学硕士学位。他还是狂热的艺术品收藏家和长跑好手，他计划在美国全部 50 个州都跑一场马拉松，现在已经完成了 15 个州的马拉松。

大卫·科恩是 TechStars 的创始合伙人及 CEO，也是近百家互联网创业公司的投资人。

在创办 TechStars 之前，大卫是 Pinpoint 科技的创始人及 CTO，这家公司在 1999 年被 ZOLL Medical Corporation（纳斯达克股票代码：ZOLL）收购。大卫也是 earFeeder.com 的创始人及 CEO，这家音乐服务公司在 2006 年出售给了 SonicSwap.com。期间，他还有过一些被他视作"优雅的失败"的经历。

大卫投资过或担任董事的知名公司包括 Brightkite（被 Limbo 收购）、DailyBurn（被 IAC 收购）、Filtrbox（被 Jive Software 收购）、Intense Debate（被 Automattic 收购）、Oblong、Plancast、SendGrid、SimpleGeo、Socialthing（被 AOL 收购）、StockTwits 和 Twilio。

大卫是一名活跃的创业倡导者、顾问、董事会成员和技术顾问，他对于这些事业的见解都发表在他的博客 DavidGCohen.com 上。他在科罗拉多大学里也很活跃，担任计算机科学学院和 Silicon Flatirons 中心的顾问委员会成员。大卫还是落基山地区风险投资遴选委员会的成员，以及开放天使论坛科罗拉多州分会的负责人。

关于天使投资、互联网创业和构建本地创业生态系统等方面的主题，大卫是全球公认的演说家。

作者简介

致谢

TechStars Lessons to Accelerate
Your Startup

我们对艾米·巴彻勒、吉尔·科恩（Jil Cohen）以及各位创业者的配偶、家人和生命中重要的人表示衷心的感谢。

我们还要感谢本·卡斯诺查，他是《我在硅谷的创业人生》一书的作者，并且从 2007 年起就担任 TechStars 的创业导师。他给本书提出了很多有益的建议，我们都立即采纳了。当时他身处智利，正好赶上 2010 年年初的大地震。他能平安无事，我们真的很欣慰。

我们的朋友、卓越的 TechStars 创业导师迈克尔·西塞和保罗·博贝恩也就本书的结构提供了重要的反馈意见。我们认为，本书因他们的投入而显得通俗易懂、妙趣横生，这种风格与他们本人是一致的。

我们同样很感激艾米·巴彻勒、大卫的母亲金杰·科恩（Ginger Cohen）和布拉德的母亲塞西莉亚·菲尔德（Cecelia Feld）对本书文字方面的严格把关。

我们还想表达对大卫·布朗和国会议员贾里德·波利斯的谢意，感谢他们与我们一起创办了 TechStars，并帮助我们将其发展成现在的规模。

我们还要感谢布拉德在 Foundry 集团的合伙人杰森·门德尔松、赛斯·莱文和赖安·麦金泰尔以及布拉德的助理凯莉·柯林斯（Kelly Collins）给予的大力支持。

感谢 TechStars 曾经的实习生阿尔·多恩（Al Doan）、格雷格·阿尔珀特（Gregg Alpert）和科里·利维（Cory Levy），他们阅读了本书的初稿，并提供了坦诚而有用的反馈。

非常感谢菲尔·韦瑟（Phil Weiser）为此书付出的时间和提供的宝贵意见。

感谢安德鲁·海德（Andrew Hyde）为 TechStars 社区所做的努力，并感谢他为本书提供了诸多照片素材。

感谢 TechStars 多年的金牌赞助商 Cooley Godward Kronish 律师事务所、Slice of Lime 基金会、Kendall Koenig and Oelsner 律师事务所（KKO）、Holme Roberts and Owen 律师事务所（HRO）、Metzger Associates 律师事务所、Square 1 银行、微软 BizSpark 和 Rackspace Cloud 云服务。

我们无法一一感谢投入时间和精力来协助如此众多的创业者的 150 位 TechStars 的创业导师。很高兴看到我们共同的努力，能对我们的社区产生如此巨大的影响。

最后要感谢所有为本书做出过贡献的 TechStars 创业导师和创业者，你们是最棒的！

致谢